W0417357

Die Weihnachtskrippe stricken

Jan Messent

Die Weihnachtskrippe stricken

AUGUSTUS

Weihnacht

Und es begab sich zu dieser Zeit, dass ein Gebot vom Kaiser Augustus ausging, das ganze Reich zu beschreiben und einzutragen.

Alle gingen hin, um sich eintragen zu lassen, ein jeder in seine Stadt.

Auch Joseph ging von Galiläa, aus der Stadt Nazareth, hinauf nach Judäa in die Stadt Davids, die Bethlehem heißt – weil er aus dem Haus und Geschlecht Davids war, um sich eintragen zu lassen mit Maria, seiner Vermählten, die gesegneten Leibes war.

Während sie dort waren, geschah es, dass sich die Tage erfüllten, da sie gebären sollte.

Und sie gebar ihren Sohn, den erstgeborenen, hüllte ihn in Windeln und legte ihn in eine Krippe, weil nicht Platz für sie war in der Herberge.

In derselben Gegend waren Hirten auf freiem Feld und hielten Nachtwache bei ihren Schafen.

Da trat ein Engel des Herrn zu ihnen, und es umstrahlte sie die Herrlichkeit des Herrn und sie fürchteten sich sehr.

Der Engel aber sagte zu ihnen: Fürchtet Euch nicht. Denn seht, ich verkündige Euch große Freude, die dem ganzen Volk zuteil werden soll.

Euch wurde heute in der Stadt Davids ein Retter geboren, der ist Messias und Herr.

Und dies soll Euch zum Zeichen sein: Ihr werdet ein Kind finden, in Windeln gehüllt und in einer Krippe liegend.

Und auf einmal erschien mit dem Engel eine große Schar des himmlischen Heeres, die Gott priesen mit den Worten:

Ehre sei Gott in der Höhe und auf Erden Friede unter den Menschen seiner Liebe und Gnade.

Und es geschah, als die Engel von ihnen hinweg zum Himmel entschwanden, sagten die Hirten zueinander: Lasset uns hingehen nach Bethlehem und schauen, was da geschehen ist, von dem der Herr uns Kunde gibt.

Und sie gingen eilends und fanden Maria und Joseph und das Kind, das in der Krippe lag.

Und als sie es sahen, berichteten sie von dem Wort, das ihnen über dieses Kind gesagt worden war.

Und alle, die es hörten, wunderten sich über das, was ihnen von den Hirten erzählt wurde.

Maria behielt alle diese Worte und erwog sie in ihrem Herzen.

Lukas, Kapitel 2, Verse 1,3 bis 19.

Da rief Herodes heimlich die Magier zu sich und erforschte von ihnen genau die Zeit der Erscheinung des Sterns.

Dann sandte er sie nach Bethlehem und sprach: Geht hin und forscht genau nach dem Kind, und habt ihr es gefunden, so lasst es mich wissen, damit auch ich hingehe und ihm huldige.

Sie hörten den König an, zogen weiter, und siehe, der Stern, den sie im Aufgang gesehen hatten, ging vor ihnen her bis er ankam und stehen blieb über dem Ort, wo das Kind war.

Als sie den Stern sahen, hatten sie überaus große Freude.

Sie gingen in das Haus, sahen das Kind mit Maria, seiner Mutter, fielen nieder und huldigten ihm. Sie nahmen auch ihre Schätze hervor und brachten ihm Geschenke dar: Gold, Weihrauch und Myrrhe.

Matthäus, Kapitel 2, Verse 7 bis 11.

Einleitung

In der Zeit um Weihnachten, dem wichtigsten christlichen Fest, rücken Familien und Freunde enger zusammen. Es ist eine Zeit, in der viel gemeinsam gebastelt und gefeiert wird. Eine schöne Beschäftigung ist der Bau einer Krippe. Das Vorhaben ist überschaubar genug, um rechtzeitig zum Weihnachtsfest fertig zu werden, aber groß genug, dass jeder Hand anlegen kann – von den älteren, geübten Bastlern bis zu den Jüngsten. Und warum sollte man die Krippenfiguren nicht auch stricken können?

Die Muster in diesem Buch sind so ausgelegt, dass Sie Garne und Farben frei wählen können. Die einfachen Grundfiguren lassen sich aus dickem Karton, der überall zu haben ist, leicht zuschneiden. Das ist eine Arbeit für diejenigen Helfer, die nicht so gern stricken. Für Kinderhände bieten sich die Wände des Stalls an, die einfach mit Wollfäden umwickelt sind.

Das Stricken der Figuren schenkt viele Stunden Freude. Die Materialien sind einfach und preiswert, die meisten lassen sich in der Restekiste oder im Kaufhaus finden.

Material und Werkzeug

1. Fester Verpackungskarton.
2. Scharfer Cutter, alte Schere, kleine Pinzette und Seitenschneider.
3. Lineal und Maßband.
4. Große und kleine Stecknadeln. Ein Tacker ist nützlich, aber nicht unbedingt nötig.
5. Bleistift und farbige Filzstifte für die Gesichter.
6. Teppichkleber.
7. Klebeband: stabiles Paket-Klebeband ist praktisch, doppelseitiges Klebeband unverzichtbar.
8. Büroklammern.
9. Füllwatte zum Ausstopfen.
10. Handarbeitsschere, Sticknadeln ohne Spitze zum Zusammennähen.
11. Verschiedene Stricknadeln von Nadelstärke 3 bis 6.
12. Eine mittelgroße Häkelnadel für Luftmaschenketten.
13. Verschiedene Reste dünner Wolle. Farb- und Mengenangaben bei den einzelnen Anleitungen.
14. Innenhülsen von Klebeband-Rollen für die Kopfbedeckungen und Geschenke der Heiligen.
15. Pailletten, Perlen, Borten und Bänder zur Dekoration.
16. Ein Stück transparentes Plastik für Heiligenscheine und Sterne. Salatschälchen von der Feinkost-Theke sind weich genug, dass Sie sie mit der Schere schneiden können.
17. Biegsamer Draht für die Hirtenstäbe (Mengenangaben bei den Anleitungen). Sie können statt dessen auch Holzstäbe verwenden.
18. Bei Bedarf selbstklebendes Klettband, um das Dach des Stalls zu befestigen.

Ein Wort zum Klebstoff

Die Verwendung von Klebstoff in diesem Projekt dient nicht als Ersatz für Nähte. Ein guter, fester Kleber, sorgfältig mit dem Pinsel aufgetragen, ist die sauberste, schnellste und einfachste Möglichkeit, starre Teile aneinander zu befestigen. Zur Verstärkung können Klebeband und Heftklammern verwendet werden. Aus Sicherheitsgründen sollte ein Erwachsener diesen Teil der Arbeit beaufsichtigen.

Garnverbrauch

Es ist unmöglich, den Garnverbrauch exakt anzugeben, weil zu viele Faktoren eine Rolle spielen, z. B. Garndicke, Strickfestigkeit und Strickmuster. Für die größten Gewänder brauchen Sie jedoch höchstens 25 g Wolle, für die übrigen Teile lediglich kleine Reste. Wichtig ist vor allem eine große Farbenvielfalt, die matte und leuchtende Töne umfasst, aber auch Weiß, verschiedene Hautfarben und Braun. Der größte Teil des Projektes ist der Stall. Dach und Fußboden werden mit dicker Wolle und größeren Nadeln gestrickt, während die Wände aus Pappstreifen bestehen, die mit Wollresten umwickelt sind. Diese Reste können beliebig dick sein, solange die Farben gut miteinander harmonieren. Das Wickeln können Kinder übernehmen, sie sollten jedoch von einem Erwachsenen beaufsichtigt werden, damit die Farbgebung und die Gestaltung der Fenster harmonisch ausfällt. Exaktere Angaben zu Garnen und Farben finden Sie auf Seite 9 und 10.

Abkürzungen und Tipps

Grundsätzlich werden alle Modelle dieses Buches in Reihen gestrickt. Die wichtigsten Strickmuster sind glatt rechts (d.h. Hinreihe rechte Maschen, Rückreihe linke Maschen) oder kraus rechts (d. h. Hin- und Rückreihe rechte Maschen). Die Rückseite einer glatt rechts gestrickten Fläche bezeichnen wir als kraus links. Arbeitsschritte, die wiederholt werden müssen, stehen in Klammern, dahinter ist angegeben, wie oft die entsprechende Maschenkombination wiederholt wird, z.B. (2 M. re. zusstr.) 2 mal.

Weitere Abkürzungen in diesem Buch:

Anf.	Anfang
cm	Zentimeter
abn.	abnehmen
folg.	folgende(-r)
g	Gramm
M.	Masche(-n)
Umschl.	1 Umschlag
zun.	zunehmen
str.	stricken
zus.	zusammen
zusstr.	zusammenstricken
mm	Millimeter
abgeh. M. überz.	eine abgehobene Masche über die folgende Masche ziehen
li.	links
re.	rechts
2 M. li. zusstr.	2 Maschen links zusammenstricken
wdh.	wiederholen
re. S.	rechte Seite
li. S.	linke Seite
1 abh.	1 Masche abheben

Verwendete Strickmuster

Pikot-Muster

Dieses Muster ist besonders für Löcher- und Spitzen-Effekte geeignet.
1. Reihe: *2 M. re. zusstr., 1 Umschl. Ab * fortlaufend wdh.
2. Reihe: Alle M. der Vorreihe stricken, wie sie erscheinen, Umschl. li. stricken.
Diese beiden Reihen bilden das Muster.

Einfaches Rippenmuster

Bei gerader Maschenzahl abwechselnd 1 M. re., 1 M. li. str.

Doppeltes Rippenmuster

Maschenzahl muss ein Vielfaches von 4 sein. Abwechselnd 2 M. re., 2 M. li. str.

Perlmuster

Bei ungerader Maschenzahl 1 M. re., 1 M. li. str. Jede Reihe mit 1 M. re. beginnen. Dadurch liegen die re. und li. M. jeweils versetzt übereinander.

Doppeltes Perlmuster

Wie Perlmuster, jedoch mit jeweils 2 M. re. und 2 M. li.

Praktische Tipps

Gerollte Kanten: Glatt rechts gestrickte Stücke, z. B. Capes oder Umhänge, rollen sich an den Kanten leicht nach innen. Es gibt verschiedene Möglichkeiten, das zu vermeiden. Sie können unten und an den Seiten eine Kante kraus rechts stricken (etwa 4 – 6 M. bzw. R.), Sie können das Strickstück aber auch umhäkeln. Oder Sie stecken das Stück flach auf dem Bügelbrett fest und dämpfen es unter einem feuchten Tuch. Bei kraus rechts oder in Rippen gestrickten Flächen liegen die Kanten von allein flach.

So macht man eine Kordel: Nehmen Sie ein Stück Garn von mindestens 60 cm Länge und knoten Sie die Enden zusammen. Legen Sie die Schlinge über eine

Türklinke oder über den Finger eines Helfers, schieben Sie einen Bleistift durch das andere Ende. Halten Sie das Garn die ganze Zeit gespannt. Ziehen Sie das Garn glatt. Nehmen Sie das Bleistiftende des Garns in die linke Hand, dann drehen Sie mit dem rechten Zeigefinger den Bleistift (wie einen Propeller) immer in die gleiche Richtung. Dabei dreht sich das Garn, es entsteht zusätzliche Spannung. Weiter drehen, bis das Garn fest gezwirbelt ist. Nicht den Bleistift herausrutschen lassen! Legen Sie nun den linken Zeigefinger auf die Mitte des gespannten, gedrehten Garns, führen Sie den Bleistift zur Türklinke und schieben Sie die Schlinge von der Klinke auf den Bleistift. Jetzt liegt das gedrehte Garn doppelt. Halten Sie die beiden Enden mit der rechten Hand fest, dann nehmen Sie den linken Zeigefinger weg: das Garn zwirbelt sich zur Kordel. Streichen Sie die Kordel mit der linken Hand glatt, dann verknoten Sie die losen Enden, damit sich die Fäden nicht wieder lösen. Fertig ist eine feste, saubere Kordel.

Kartonsockel für die Figuren: So ein kleiner Sockel ist eine gute Möglichkeit, stehende Figuren größer erscheinen zu lassen, damit man sie auch dann gut sieht, wenn sie im Hintergrund stehen. Das gilt besonders für den Engel und die Heiligen Drei Könige. Schneiden Sie Karton gemäß der Zeichnung (Abb. 1) zu und fixieren Sie die Seiten mit Klebeband. Bedecken Sie die vier Seitenflächen mit einem schmalen gestrickten Streifen aus der gleichen Wolle wie das Gewand der Figur. Den Streifen auf den Karton kleben, die Nahtstelle soll hinten liegen. Wird die Figur auf dem Sockel befestigt, verdeckt das Gewand die Sockeloberkante. Auf den Fotos können Sie erkennen, dass zwei unserer Weisen auf einem Sockel stehen (siehe Seite 32/33).

Alternativ können Sie die Größe der Figuren verändern, indem Sie die jeweils angegebenen Maße und Materialmengen halbieren oder verdoppeln.

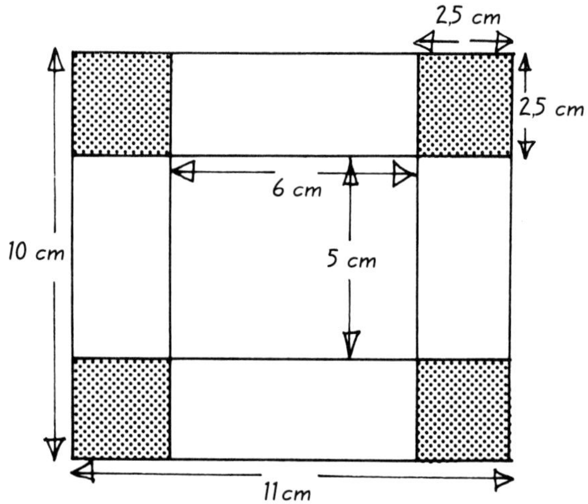

Abb. 1

Kartonsockel für Figuren

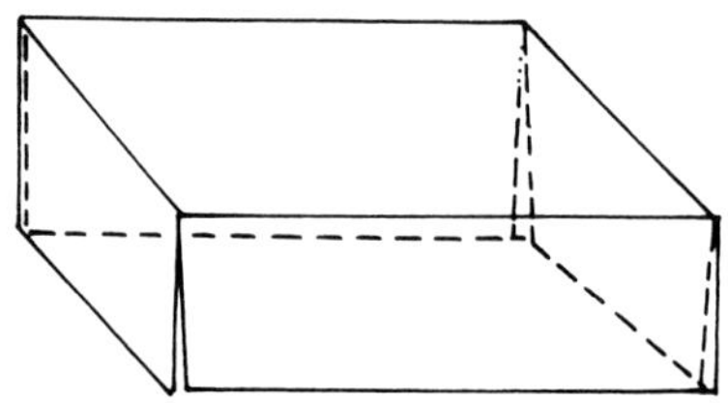

Die gepunkteten Quadrate ausschneiden, die Falzlinien leicht einritzen. Dann die Seiten umfalzen. Gestrickten Streifen um die Seiten kleben, die Oberseite bleibt frei.

Farb-Beispiele

Maria

Joseph

Kind und Krippe

Tiere

Hirte mit Weste

Hirte mit gestreiftem Kopftuch

Kniender Hirte

Engel

Kleid Flügel Gesicht

Der Negerjunge

Hemd Haare Gesicht

Das Mädchen

Mantel Hemd Gesicht Haare Teddy Weste (Teddy)

König Caspar

Turban Gewand und Umhang Gesicht und Hände

König Balthasar

Gewand und Umhang Gesicht Bart und Haare

König Melchior

Gewand Umhang Bart und Haare Gesicht

Der Stall

Weil der Stall stabil sein soll, ist besonders feste Pappe nötig. Tackern Sie eventuell zwei Lagen zusammen, um für mehr Stabilität zu sorgen. Sie brauchen für die Rückwand zwei dieser stabilen Pappen in den Maßen 60 x 36 cm.

Zwei Pappsteifen, einer aus fester und einer aus dünnerer Pappe, halten die beiden Rückwandteile zusammen. So lässt sich die Krippe leicht zusammenfalten und verstauen. Kleben Sie den äußeren Pappstreifen so zwischen die beiden Rückwandteile, als wollten Sie einen Buchumschlag basteln.

Zusätzlich benötigen Sie in den gleichen Abmessungen wie für die Rückwand (60 x 36 cm) zwei weitere Stücke Pappe. Diese Pappe muss nicht so stark sein, weil sie in Streifen geschnitten, umwickelt und dann auf die feste Rückwand geklebt wird. Schneiden Sie die beiden dünneren Pappstücke jeweils einmal durch (siehe Abb. 2).

Aus zwei Stücken Pappe mit den Maßen 27 x 36 cm schneiden Sie ‚Fenster' aus, sodass nur ein 1,5 cm breiter Rahmen stehen bleibt. Jetzt werden die beiden anderen Pappstücke (je 33 x 36 cm groß) in Streifen von 2 bis 5 cm Breite geschnitten. Das gelingt am saubersten mit einem Cutter.

Umwickeln: Auf der Rückseite jedes Streifens befestigen Sie einen Streifen doppelseitiges Klebeband. Er muss exakt bis an die Enden der Pappe reichen und darf keine Lücken haben. Jetzt werden Reste von brauner und grüner Wolle dicht und fest um die Streifen gewickelt. Wenn Sie die Farbe wechseln wollen, schneiden Sie den Faden ab und drücken das Ende fest auf den Klebestreifen. Dann setzen Sie die nächste

Abb. 2

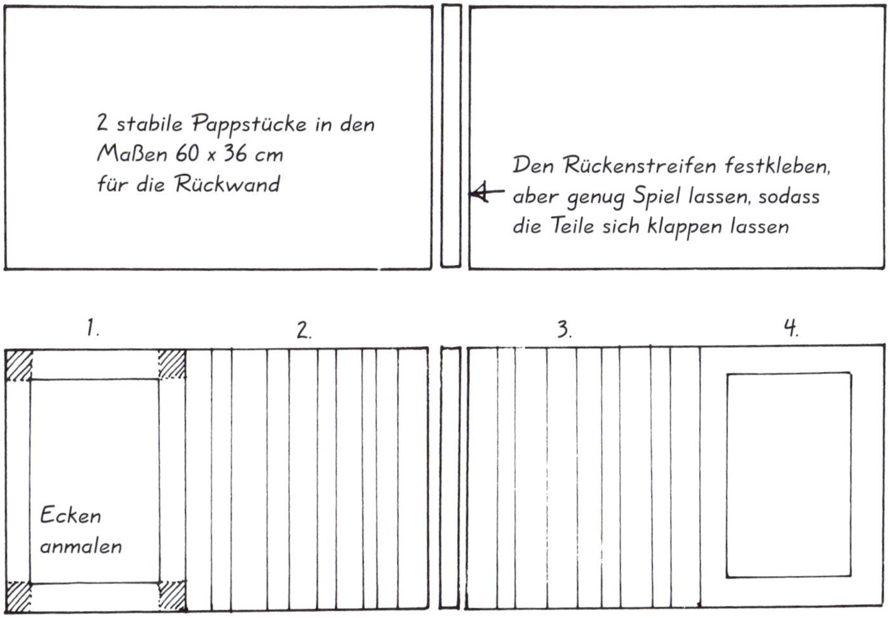

Vorderseite: Fenster ausschneiden und Streifen zum Umwickeln zuschneiden

DER STALL *(ohne Figuren)*
Für den Stall werden Reste verschiedenfarbiger Wolle um Pappstreifen gewickelt und dann auf festen Karton geklebt. Die Sterne werden später hinzugefügt.

Farbe an. Sollen Fäden übereinander gewickelt werden, befestigen Sie die Enden mit einfachem Klebeband. Bewickeln Sie die Pappstreifen von oben bis unten, dann legen Sie sie auf die Kartonrückwand.

Durch die Garnstärke werden die Pappstreifen beim Umwickeln etwas breiter. Eventuell müssen Sie einen oder zwei Streifen schmaler schneiden, damit alles genau passt. Noch nicht aufkleben! Bewickeln Sie einen Streifen für den ›Buchrücken‹ und kleben Sie diesen zuerst auf. An beiden Seiten muss ein Spalt frei bleiben, damit sich die Seitenwände der Krippe klappen lassen.

Auch die Fensterrahmen werden umwickelt, lediglich die Ecken bleiben frei. Sie werden im gleichen Farbton wie die Wolle mit Wasserfarbe oder Filzstiften angemalt. Die beiden Rechtecke, die aus den Fenstern ausgeschnitten wurden, werden in Querrichtung umwickelt. Verwenden Sie Wollreste in Farben, die an die dunkle Nacht und den morgendlichen Osthimmel erinnern. Auch Garne mit Farbverlauf eignen sich gut.

Wenn alle Teile bewickelt sind, werden zuerst die Fenster und Rahmen auf die Rückwand aufgeklebt. Dann die umwickelten Pappstreifen von außen zur Mitte sauber und lückenlos aufkleben und mit Büroklammern festhalten, bis der Kleber getrocknet ist. Die schmale, umlaufende Kante, die den Rand der Pappe abdeckt, besteht aus einer langen, gehäkelten Luftmaschenkette aus einem farblich passenden Garn. Fertigen Sie mit einer relativ dicken Häkelnadel eine Luftmaschenkette, die ganz um die Pappe herumreicht und kleben Sie sie sorgfältig fest.

Fußboden: Zuerst die Form aus fester Pappe zuschneiden (siehe Abb. 3 auf Seite 14). Die Kanten nach unten umfalten, sodass ein Rand entsteht, und mit Klebeband fixieren.

Für den gestrickten Belag eignet sich ein dickes Strukturgarn am besten. Für dieses größte gestrickte Teil der Krippe brauchen Sie etwa 100 g Wolle. Vergleichen Sie Ihr Strickstück von Zeit zu Zeit mit dem Pappunterbau und passen Sie bei Bedarf die Anzahl der Maschen / Reihen der Form an. Die beiden Hälften werden separat gearbeitet und in der Mitte zusammengenäht. Die Vorderkante wird nachträglich angenäht.

Für das linke Teil, das von vorn zu sehen ist, mit Nadelstärke 6 38 M. anschlagen. 2 Reihen rechts, die folgende Reihe links stricken.

Für die Formgebung nun beidseitig innerhalb eines Randes von je 5 M. regelmäßig abnehmen:
Reihe 4: 5 M. re., 1 M. abh., 1 M. re., die abgeh. M. überz., bis auf 4 M. die Reihe re. str., 2 M. re. zusstr., 2 M. re.
Reihe 5: li. str.
Reihe 6: re. str.
Reihe 7: li. str.
Diese 4 R. wiederholen, bis nur noch 10 M. auf der Nadel sind. Weitere 3 Reihen stricken.
Nächste Reihe: 5 M. re., 1 M. abh., 1 M. re., die abgeh. M. überz., 2 M. re. zusstr., 1 M. re. (verbleiben 8 M.). 1 R. li. str., dann abketten.

Für die rechte Seite die ersten drei Reihen wie oben beschrieben arbeiten.
Reihe 4: 2 M. re., 1 M. abh., 1 M. re., die abgeh. M. überz., bis auf 7 M. die Reihe re. str., 2 M. re. zusstr., 5 M. re.
Reihe 5: li. str.
Reihe 6: re. str.
Reihe 7: li. str.
Diese 4 Reihen wiederholen, bis nur noch 10 Maschen auf der Nadel sind. 3 Reihen gerade stricken.
Nächste Reihe: 1 M. re., 1 M. abh., 1 M. re., die abgeh. M. überz., 2 M. re. zusstr., 5 M. re.
Eine Reihe li. str., dann abketten.

Die beiden Teile rechts auf rechts zusammenlegen, an der breiteren Kante zusammenstecken und -nähen. Den Kartonunterbau auf eine Tischecke legen, entlang der vorderen Rundung mit Kleber bestreichen und das gestrickte Stück andrücken. Die erste Reihe soll leicht überstehen, damit hier später die Kante angenäht werden kann. Jetzt an den Seiten und im mittleren

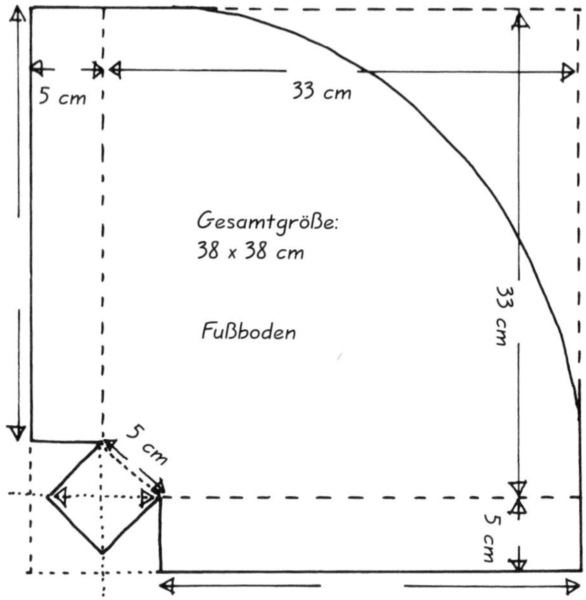

Abb. 3

Bereich Kleber auftragen, das Strickstück andrücken. Zum Schluss die hintere Kante befestigen. Bei Bedarf kann das Strickstück zusätzlich mit dem Tacker fixiert werden.

Für die Zierborte an der Vorderkante schlagen Sie mit dem gleichen Garn und der gleichen Nadel 5 M. an. 4 R. glatt re. str. Am Anfang der nächsten R. 3 M. abketten. 3 R. mit den restlichen 2 M. str. Dann 3 M. wieder anschlagen.

Diesen Rapport wiederholen, bis die Bordüre lang genug für die Vorderkante ist, dann abketten. Die Bordüre an die Vorderkante des Fußbodens nähen und nach unten hängen lassen. Die letzten Bögen sollen bündig mit den Wänden abschließen.

Damit der Fußboden sicher hält, kleben Sie selbstklebendes Klettband an die äußeren Enden der umgeknickten Kante und an entsprechender Stelle auf die Rückseite der Wände. Das Klettband ist von vorn nicht zu sehen (siehe Abb. 4).

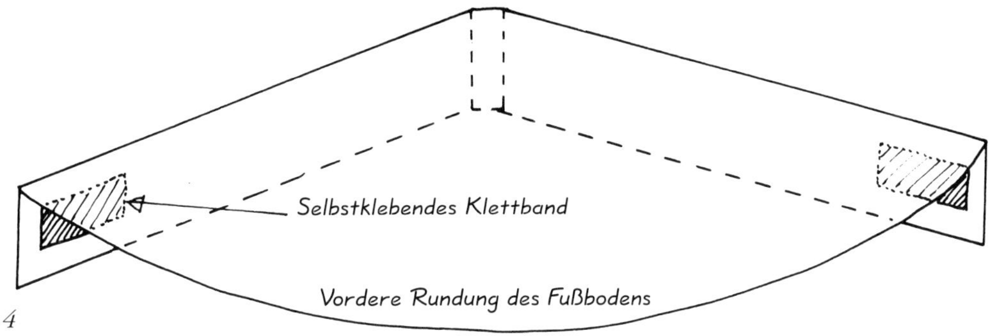

Abb. 4

Die Sterne

Die Mitte des großen Sterns im Osten (siehe Seite 32) wird genau wie die Heiligenscheine (siehe Anleitung Seite 27) gestrickt. Verwenden Sie feines weißes oder silbernes Glitzergarn. Der äußere Strahlenkranz muss, wie die Heiligenscheine, eine transparente Einlage bekommen, jedoch mit einem Durchmesser von etwa 11 cm. Stanzen Sie im Abstand von 1 cm Löcher rings um den Rand, sodass Zacken entstehen (siehe Abb. 5).

Fixieren Sie den Anfang des gewünschten Garns mit Klebeband an der Mitte des Sterns, dann wickeln Sie zwei Runden rings um die Scheibe, jeweils über die Mitte. Es ist einfacher, aber nicht unbedingt nötig, wenn die Anzahl der Zähne gerade ist. Den Faden abschneiden und das Ende in der Mitte festkleben. Nun das gestrickte Mittelstück aufkleben und beides zusammen auf den Hintergrund kleben.

Die kleineren Sterne werden ebenso hergestellt, jedoch aus kleineren Scheiben und ohne das gestrickte Mittelstück. Als Schablonen eignen sich Münzen gut.

Abb. 5

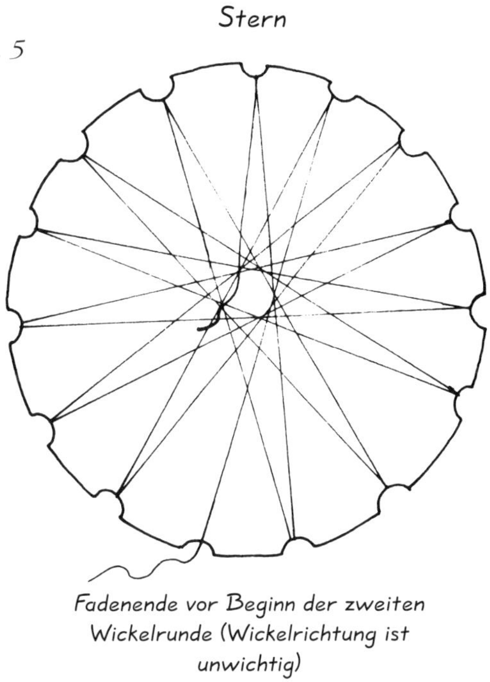

Maria

Zuerst den Pappunterbau für die Figur basteln (siehe Abb. 6). Maria sitzt auf einem ›Stein‹ (siehe Abb. 7) aus einem länglichen gestrickten Rechteck, das seitlich und hinten am Unterbau befestigt wird. Rock und Oberteil werden in einem Stück gestrickt. Arme und Hände arbeiten Sie separat und nähen sie später an den Körper.

Das Gesicht wird aus rosafarbener Sportwolle gestrickt. 12 M. mit Nadeln Stärke 3 anschl. und 18 R. glatt re. str. Abketten. Augen und Mund aufsticken. Gesicht wie auf Seite 20 beschrieben über entsprechender Wattierung am Unterbau befestigen (siehe Abb. 9, Seite 20).

Für den Stein, auf dem Maria sitzt, brauchen Sie eine kleine Menge grauer Sportwolle. 40 M. mit Nadeln Stärke 3,5 anschl. und in doppeltem Perlmuster stricken, bis das Stück 19 x 6,5 cm groß ist. Abketten und auf Seiten und Rückenteil des Unterbaus kleben. Dabei die Vorderkanten leicht überstehen lassen.

Für das Kleid brauchen Sie etwa 20 g hellblaue Sportwolle und Nadeln Stärke 3,5. 40 M. anschl., 4 R. glatt re. str., die 5. R. li. Weitere 29 R. glatt re. str., bis eine Länge von 11 cm erreicht ist. Dann fortlaufend 2 M. re. zusstr., um die Maschenzahl zu halbieren. Dies bildet hinterher die Taille. Nächste Reihe: Alle 20 Maschen links stricken.

Am Anfang der nächsten 2 R. jeweils 6 M. anschlagen und glatt re. 16 R. über diese 32 M. str., dabei mit einer li. R. enden. Dieser Abschnitt sollte von der Taille aus 5 cm lang sein. Dann für Schultern und Hals abnehmen: 4 M. re., (2 M. re. zusstr.) 12mal, 4 M. re. Nächste Reihe: rechts stricken, abketten.

Um das Kleid am Pappunterbau zu befestigen, stecken Sie zunächst den Hals fest und fixieren ihn mit

Abb. 6

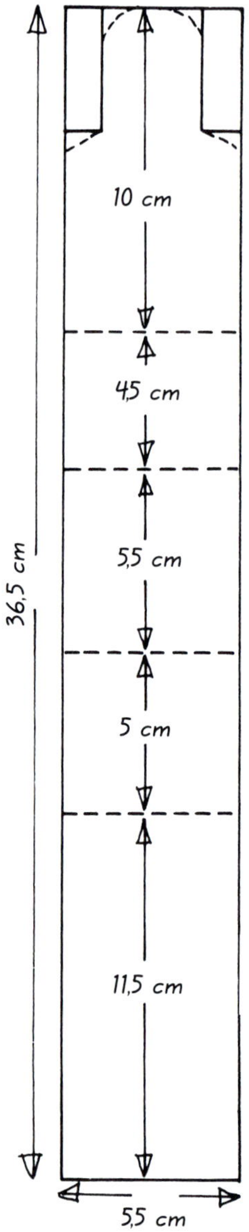

Damit die Figur leicht vorwärts geneigt sitzt, schieben Sie ein Stück Pappe (8 x 5cm) schräg in den Unterbau hinein.

Maria
Sitzende Figur

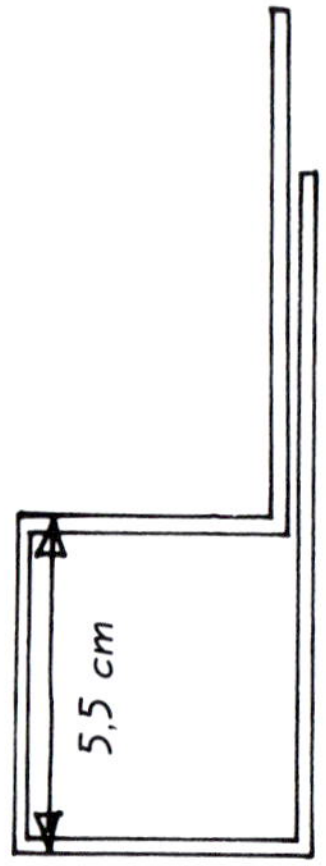

Diese Stuhlform ist die Basis für die sitzende Figur. Sie kann geklebt oder getackert werden. Die Rückenlehne wird zusätzlich mit Klebeband umwickelt.

Abb. 7a

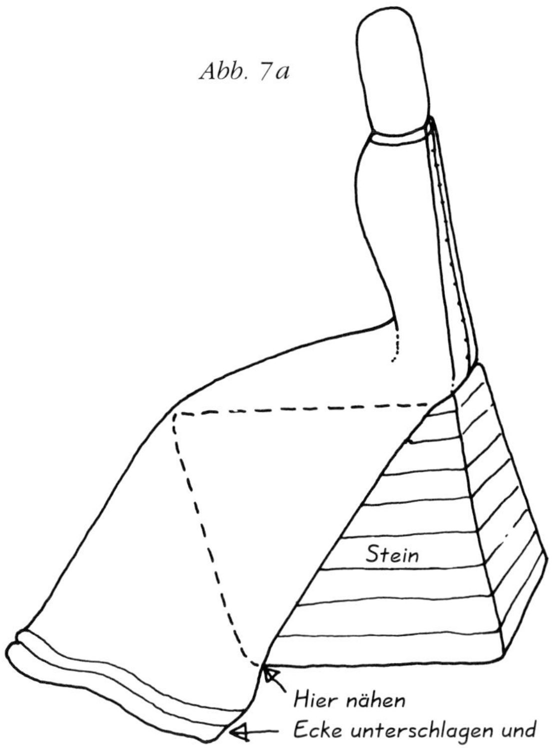

Abb. 7b

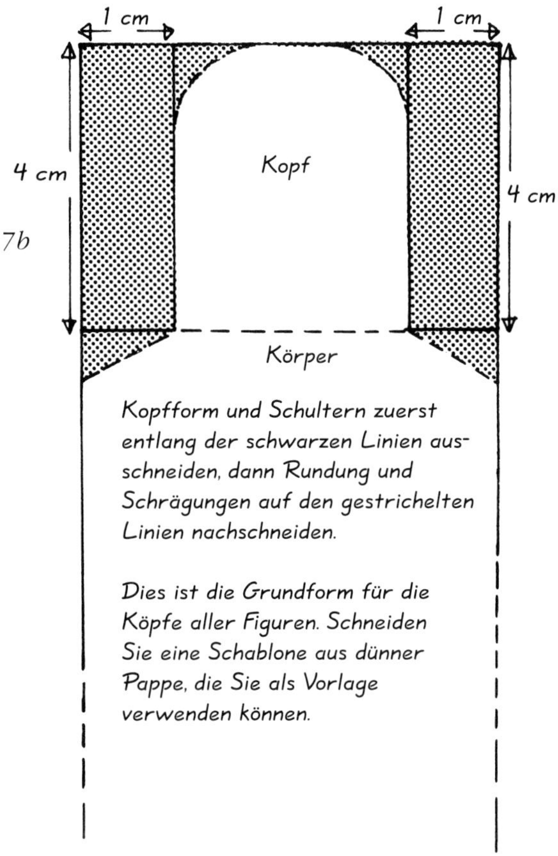

kleinen Steppstichen am Kopf. Dann schließen Sie vom Nacken bis zur Taille die rückwärtige Mittelnaht. Schneiden Sie ein kleines Stück Wattiervlies zurecht und schieben Sie dies zwischen die Pappe und das gestrickte Oberteil, um die Figur leicht auszupolstern. Die Unterkante des hinteren Teils wird an den umstrickten Stein genäht, die Seiten des Rockes bleiben zunächst lose.

Stecken Sie die Seitenkanten des Rockes an die vorderen Ecken des Steins und nähen Sie sie fest. Dann die Ecken des Rockes einschlagen und festnähen, sodass Vorderkante und Seitennaht eine fortlaufende Linie bilden (siehe Abb. 7a).

Arbeiten Sie die Ärmel mit Nadeln Stärke 3 aus dem gleichen hellblauen Garn. Ein Stück Faden zum Zusammennähen am Anfang hängen lassen.

4 M. anschl. 2 R. glatt re. str., dann am Ende jeder R. eine M. zun., bis 16 M. auf der Nadel sind.

Mit einer li. R. beginnend stricken Sie weitere 12 R. glatt re.

Nächste Reihe (li. S. vorn): rechts stricken.

Nächste Reihe: (2 M. re. zusstr., 5 M. re.) 2mal, 2 M. re. zusstr.

Nächste Reihe: rechts stricken.

Nächste Reihe: (2 M. re. zusstr., 2 M. re.) 2mal, 2 M. re. zusstr., 3 M. re. (ergibt 10 M.)

Nächste Reihe: rechts.

Mit rosa Garn ansetzen (re. S. vorn), 6 R. glatt re. str. Die Seitennähte der Hände rechts auf rechts zusammennähen, dann den Ärmel bis zum Ellenbogen

Joseph, lieber Joseph mein, hilf mir wiegen mein Kindelein

Abb. 8

zusammennähen, die obere Ärmelnaht offen lassen. Den zweiten Ärmel ebenso arbeiten. Hände und Arme werde nicht wattiert. Die vier Anschlagmaschen auf der Schulter dicht am Hals annähen, die Ärmelöffnung an den Rumpf nähen.

Das Kopftuch ist ein großes, glatt rechts gestricktes Dreieck. Sie brauchen ein mittelgroßes Knäuel rein weißer Wolle und Nadeln Stärke 3,5.
60 M. anschl. und 4 R. glatt re. str. Dann am Ende jeder R. eine M. abn., bis noch 2 M. verbleiben. Abketten. Wer möchte, kann die Längskante, die über der Stirn liegt, mit einer Reihe fester Maschen umhäkeln. Für die Haare einen schmalen Streifen in Braun stricken und annähen. Nur die Stirnhaare sind sichtbar. Dann das Gesicht aufsticken. Das weiße Tuch um die Figur legen und festnähen. Den Heiligenschein am Hinterkopf befestigen (Anleitung siehe Seite 27).

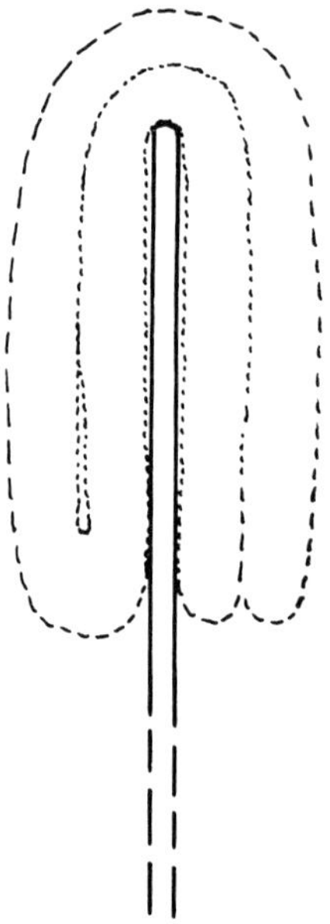

Pappunterbau mit Wattierung für den Kopf von der Seite gesehen. Aus 5 mm dickem Wattiervlies einen Streifen von 3 x 30 cm zuschneiden, doppelt legen und wie abgebildet am Pappunterbau festkleben oder -tackern. Durch die Wattierung wird die Figur etwas höher.

Abb. 9

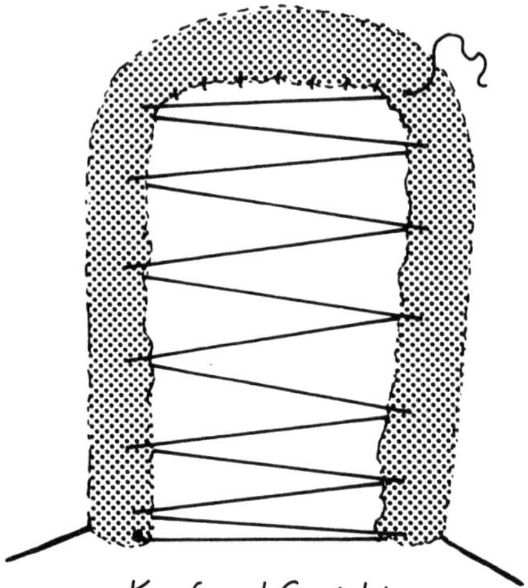

Kopf und Gesicht

Der Kopf von hinten gesehen. Jedes Gesicht ist mit einem kleinen Stück rosa- oder fleischfarbenen Strickwerks bedeckt, der über die Wattierung genäht wird. Später werden Haare und / oder Bart aufgenäht.

Verwenden Sie beliebiges rosafarbenes Sportgarn und Nadeln Stärke 3. 12 M. anschl., 18 R. glatt re. str., abketten.

Das Gesicht auf dem Kopf-Rohling feststekken, Kanten und Ecken nach hinten ziehen. Die Unterkante zum Hals hinunterziehen. Jetzt das Gesicht an der Oberkante auf die Wattierung nähen und auf der Rückseite wie abgebildet spannen.

Joseph

Joseph ist die nächste Figur in unserer Geschichte (Foto auf Seite 19). Basteln Sie zuerst den Kartonunterbau für eine stehende Figur (siehe Seite 22, Abb. 11 und 12.)

Stricken Sie das Gesicht aus fleischfarbener Sportwolle und sticken Sie die Gesichtszüge auf, wie für Maria auf Seite 16 und 20 beschrieben. Für Haare und Bart nehmen Sie etwas dunkelbraune Wolle und Nadelstärke 3. 12 M. anschl. und kraus re. 30 R. str. Nächste Reihe: 7 M. abketten, dann die Reihe zu Ende stricken.

Abb. 10

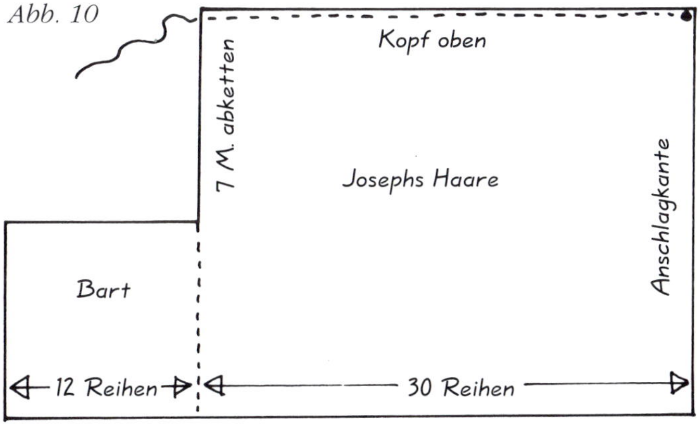

Noch 12 R. über die restlichen 5 M. str., dann abketten. Die Oberkante aufkräuseln und über den Kopf ziehen. Rundum ausrichten und festkleben. Die Seitenkante des Barts an der Außenseite des Gesichts festnähen und mit einem Tupfen Klebstoff fixieren. Dabei in leichtem Bogen nach unten ziehen. Eine braune Kordel drehen und um den Kopf legen (siehe Seite 18, Abb. 8).

Josephs weißes Untergewand ist ein rechteckig gestricktes Stück, das nur auf die Vorderseite des Pappunterbaus geklebt wird. Die abgekettete Kante liegt oben. Sie brauchen eine kleine Menge weißer oder cremefarbener Sportwolle und Nadeln Stärke 3,5. 12 M. anschl., 2 R. kraus re. str., dann bis zum Hals (ca. 19 cm) glatt re. str. Das fertige Stück auf die Pappe kleben, eine Kordel drehen und nur um den vorderen Teil des Unterbaus knoten.

Josephs brauner Mantel wird quer gestrickt (von einer Seitenkante zur anderen), glatt re. mit links gestrickten Rippen. Er reicht ganz um den Pappunterbau herum und überlappt das Untergewand an beiden Seiten. Schlagen Sie mit braunem Sportgarn und Nadeln Stärke 3,5 40 M. an, stricken Sie 2 R. re., 1 R. li., dann 3 R. re.

Nächste Reihe: 4 M. re., den Rest der Reihe links.
Die nächsten 3 Reihen rechts stricken.
Diese 4 R. fortlaufend wiederholen, bis das Stück 17,5 cm lang ist. Mit einer Reihe linker Maschen enden.
Nächste Reihe (re. S.): li. str.
Nächste Reihe (li. S.): re. str., abketten.

Alle Fäden vernähen, das Stück am Hals mit einem doppelten Faden aufkräuseln und so um die Figur legen, dass ein Kragen entsteht.

Der braune Außenärmel sowie der weiße Ärmel und die Hände werden separat gestrickt und später zusammengenäht.
Für den braunen Ärmel 16 M. anschl. und 2 R. re. str.
Dann 13 R. glatt re. str.
Nächste Reihe: (2 M. re. zusstr., 5 M. re.) 2mal, dann 2 M. re. zusstr.
Nächste Reihe: li. str.
Nächste Reihe: 2 M. re. zusstr., 2 M. re., 2 M. re. zusstr., 1 M. re., 2 M. re. zusstr., 2 M. re., 2 M. re. zusstr. (ergibt 9 M.).
Nächste Reihe: li. str.
Nächste Reihe: (2 M. re. zusstr.) 2mal, 1 M. re, (2 M. re. zusstr.) 2mal (ergibt 5 M.)
Nächste Reihe: 5 M. li., dann abketten.
Die Seitennähte von der Anschlagkante aus schließen.

Abb. 11

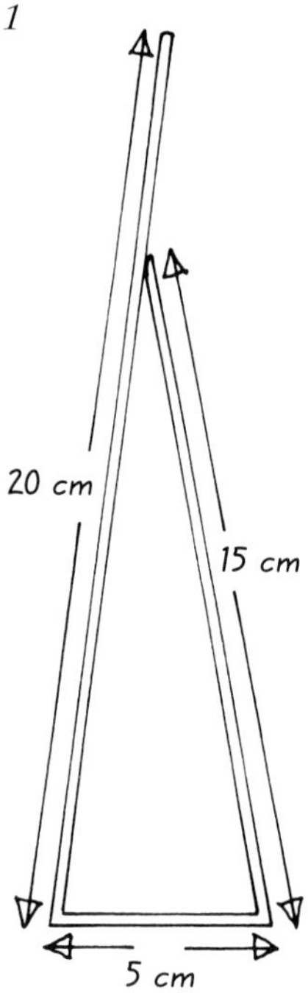

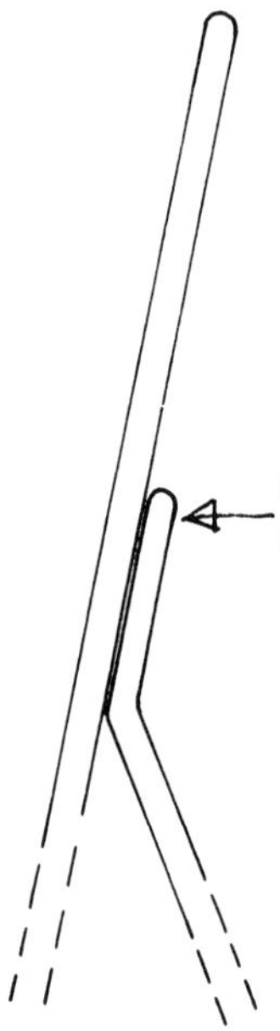

Abb. 12

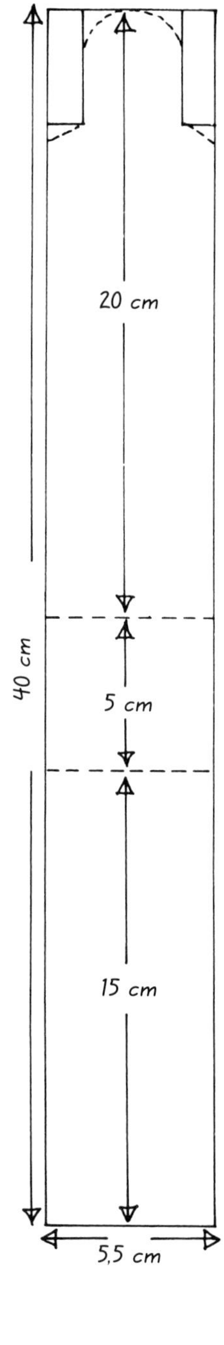

Pappunterbau für stehende Figuren

Kopf und Schultern wie abgebildet grob ausschneiden, dann auf den gestrichelten Linien die Rundungen / Schrägen nachschneiden.

Die obere Hälfte zum Annähen an den Körper offen lassen. Den zweiten Außenärmel genauso arbeiten.

Für die weißen Unterärmel und Hände mit weißem Garn und Nadeln Stärke 3,5 10 M. anschl., 7 R. glatt re. str., die 8. R. re. str. Mit Nadel 3 in fleischfarbenem Garn 4 R. glatt re. str., die M. der letzten R. mit einem Faden zusammenziehen. Die Hand und den weißen Ärmel an den Seitenkanten zusammennähen.

Etwas Wattiervlies in die Hand schieben, den restlichen Ärmel leer lassen. Den Rand des weißen Ärmels in den braunen Ärmel schieben und die Kante festnähen. Zweiten Ärmel genauso arbeiten.

Die mit Händen versehenen Ärmel an den Schultern des Mantels festnähen, die abgeketteten M. liegen dicht am Hals. Die Ärmelöffnung flach und glatt seitlich am Mantel befestigen. Eine Kordel aus dem gleichen Garn drehen und durch den Kragen ziehen. Den Mantel über den Unterbau legen, am Hals ca. 2 cm offen lassen. Die Kordel zur Schleife binden. Die Vorderkanten des Mantels leicht überlappend auf das weiße Untergewand stecken und bis zum Kragen festnähen. Arme und Hände zurechtbiegen und festkleben.

Den Heiligenschein am Hinterkopf befestigen (Anleitung siehe Seite 27).

Die Krippe

Dies ist das Herzstück der Weihnachtsgeschichte! Die Krippe muss groß genug für das Jesuskind sein (siehe Seite 26). Sie verwenden hellbraune und strohfarbene Sportwolle.

Zuerst aus Pappe ein Quadrat mit 13 cm Kantenlänge und zwei Rechtecke von je 8 x 5 cm zuschneiden, einritzen und kniffen, wie auf den Zeichnungen zu sehen ist. Diese Stücke werden nicht zusammengeklebt, sondern mit gestrickten Rechtecken bezogen und dann zusammengenäht.

31 M. mit hellbrauner Wolle und Nadeln Stärke 4 anschl. und im folgenden Muster stricken:

Reihe 1: *3 M. re., 1 M. li., ab * fortlaufend wdh., die letzten 3 M. re. str.

Reihe 2: *3 M. li., 1 M. re. Ab * fortlaufend wdh., die letzten 3 M. li. str.

In diesem Muster insgesamt 22 Reihen stricken. Dann strohfarbenes Garn ansetzen und kraus links

Abb. 13

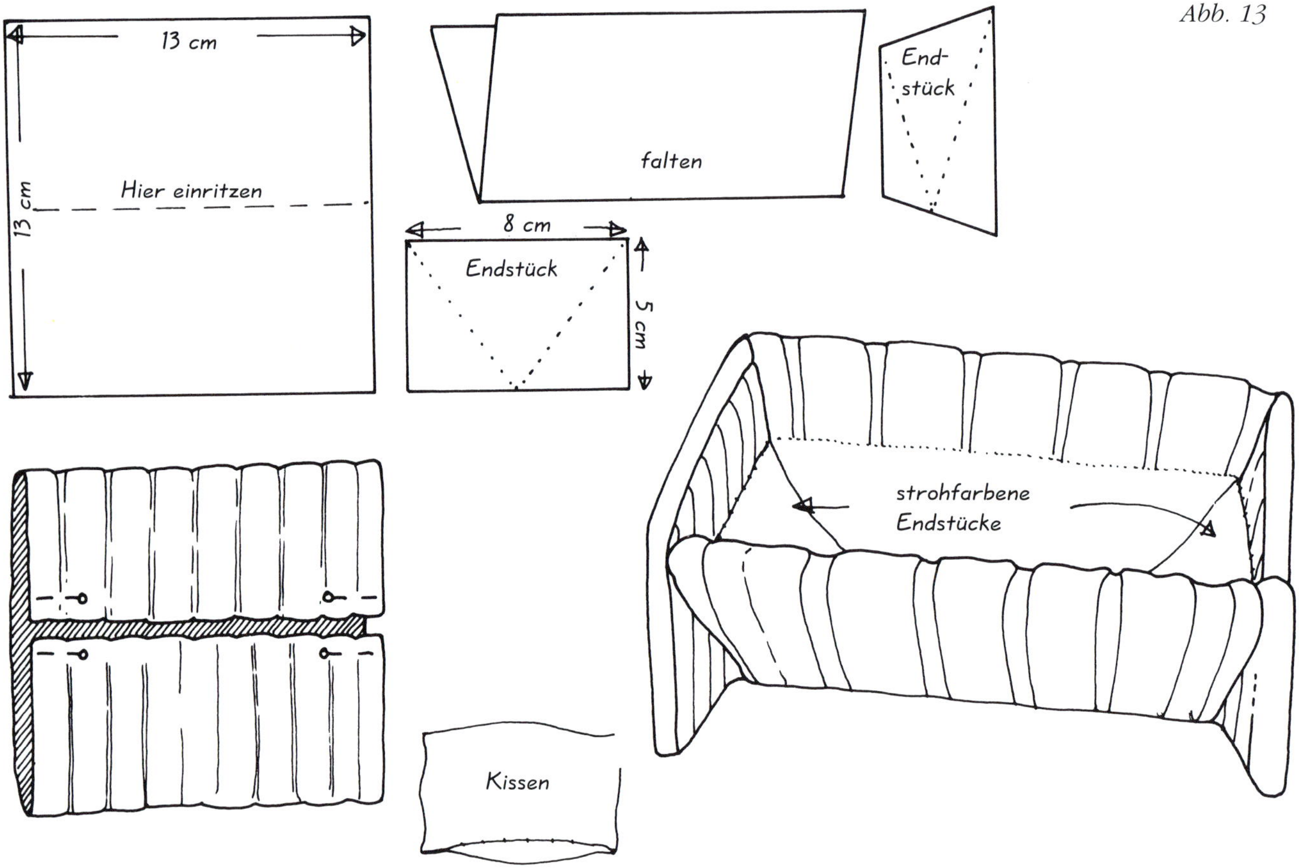

weiter stricken: die ersten 2 R. re., 1 R. li., weitere 28 R. kraus li. Fällt das Strickstück mit dem neuen Garn zu breit aus, wählen Sie eine dünnere Nadel. Die fertige Breite sollte etwa 19 cm betragen. Wieder hellbraunes Garn ansetzen (rechte Seite vorn) und 22 Reihen wie vorher im Rippenmuster stricken. Abketten.

Die Schmalseiten rechts auf rechts zur Mitte legen und feststecken. An den Außenkanten zusammennähen, in der Mitte (Anschlag- und Abkett-Kante) einen Schlitz offen lassen, in den das vorgefalzte Pappquadrat geschoben wird. Die Ecken der Pappe sorgfältig ausrichten, dann die Öffnung so zunähen, dass die Naht auf der Unterseite der Krippe liegt.

Für die beiden Endstücke 15 M. anschl. und 14 R. im gleichen Rippenmuster wie oben (3. M. re., 1 M. li.) arbeiten. 1 R. li. str., dann weitere 14 R. im Muster. Von der linken Seite her abketten. Rechts auf rechts zusammenlegen und die Seitenkanten zunähen. Ein Papprechteck einschieben und die Unterkante ebenfalls zunähen. Das zweite Endstück genauso arbeiten.

Für die strohfarbenen Endstücke im Inneren der Krippe 10 M. anschl. und 6 R. glatt re. str. In der 7., 9., 11. und 13. R. beidseitig je 1 M. abnehmen, dann abketten. Das zweite Stück ebenso stricken. Die Dreiecke so an die losen Seitenteile stecken, dass die Anschlagkanten auf der gleichen Höhe mit dem strohfarbenen Mittelteil liegen (ca. 1 cm unter der Oberkante). Die Oberkante festnähen, aber nicht die Seiten. Die Spitzen in die Krippe ziehen und festnähen, solange die Seiten noch flach liegen. Jetzt die beiden Seitenteile an den Ecken und den unteren Spitzen zusammennähen und so am Hauptteil fixieren. Eventuell müssen zum Straffen einige Stiche durch den äußeren und inneren Bezug und durch die Pappe am Boden der Krippe genäht werden. Fäden gut vernähen.

Für das Kissen mit strohfarbenem Garn und Nadeln Stärke 3,5 10 M. anschl. und 20 R. kraus li. str. Abketten. Doppelt legen, Wattiervlies einschieben und zusammennähen. Wer möchte, kann den Boden der Krippe mit strohfarbenem Garn auslegen.

Jesuskind

Das Jesuskind ist natürlich die wichtigste Figur in unserer Geschichte. Verwenden Sie weiße Sportwolle, nach Wunsch feines Glitzergarn, einen hellen Hautton für das Gesicht, etwas dunkles Garn für die Haare.

Das Kleid ist in einem einfachen Muster gestrickt, kann aber auch ganz schlicht glatt rechts gestaltet werden. 29 M. mit weißem Garn und Nadeln Stärke 3,5 anschl. und 3 R. re. str. Dann in folgendem Muster weiterarbeiten:

Reihe 1: (1 Umschl., 3 M. re., 1 M. abh., 2 M. re. zusstr., die abgeh. M. überz., 3 M. re., 1 Umschl., 1 re.) 2mal, dann 1 Umschl., 3 M. re., 1 M. abh., 2 M. re. zusstr., die abgeh. M. überz., 3 M. re.
Reihe 2: 1 Umschl., die restl. Reihe li. str.
Reihe 3: wie Reihe 1.
Reihe 4: 1 Umschl., die restl. Reihe re. str.
Diese 4 R. wiederholen, bis eine Höhe von ca. 8 cm erreicht ist. Mit 2 R. re. abschließen.

Jetzt jeweils 2 M. re. zusstr. (ergibt 15 M.). Danach 1 R. re.

Mit Nadelstärke 3 und hautfarbenem Garn weiter arbeiten: 7 R. glatt re. str., dann jeweils 2 M. li. zusstr. Es verbleiben 8 M., die für die Kopfrundung mit einem Faden zusammengezogen werden.

Das Stück rechts auf rechts zusammenlegen, die rückwärtige Naht schließen und die Figur im oberen Bereich ganz leicht wattieren. Am Hals mit kleinen Heftstichen einen Faden einziehen, leicht kräuseln und vernähen. Die Unterkante des Kleides mit einem kleinen Stich schließen. Bei glatt rechts gestricktem Körper die ganze Unterkante zunähen.

Einen dunklen Faden in eine Sticknadel fädeln und rings um den Kopf Haare aufsticken, an der Stirn etwas kürzere. Augen und Mund mit dünnerem Garn aufsticken (siehe Abb. 14).

Den Heiligenschein anfertigen und am Hinterkopf befestigen (Anleitung siehe gegenüber).

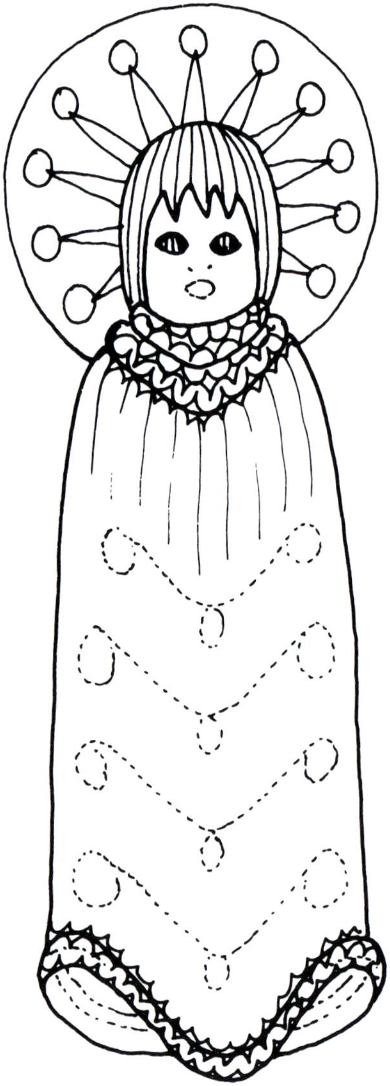

Abb. 14

JESUSKIND, OCHSE UND ESEL
Still, still, still,
weil's Kindlein schlafen will.

Heiligenscheine

Die Anleitung ist recht allgemein gehalten, weil die genaue Größe und Wirkung von verschiedenen Faktoren abhängt, etwa dem Garntyp und der Anzahl der Maschen. Das Prinzip ist aber ganz einfach, Sie müssen weder rund stricken noch komplizierte Muster arbeiten. Stricken Sie zuerst ein ›Probestück‹, damit Sie ein Gefühl für Größe und Garn bekommen (siehe auch Foto auf Seite 19).

Abb. 15

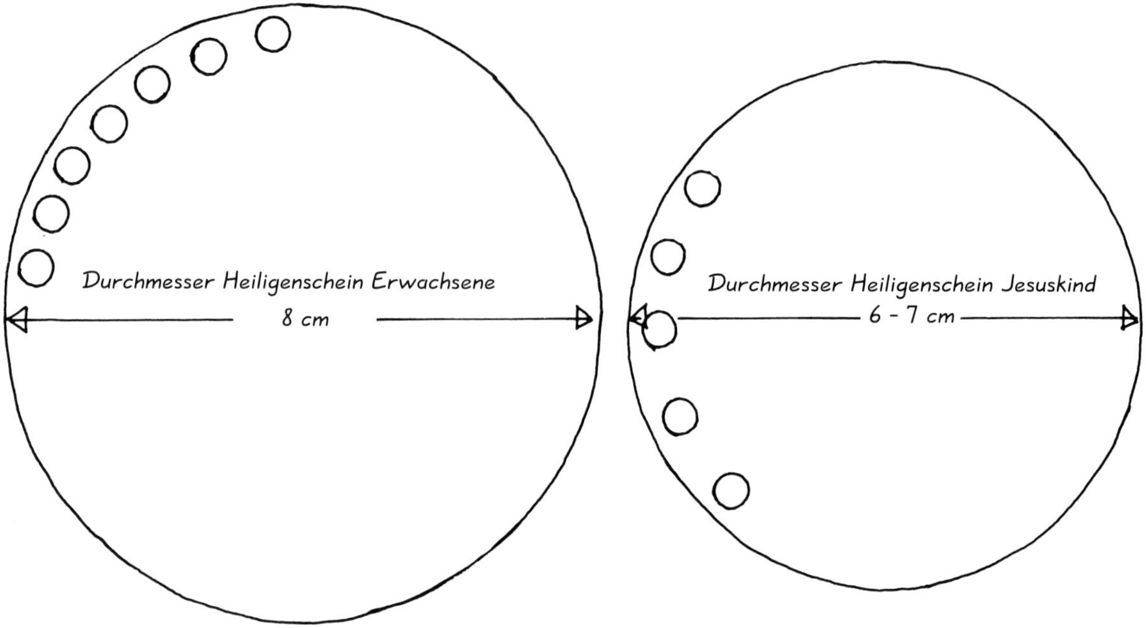

Die Basis bildet ein kreisförmiges Stück biegsames, transparentes Plastik, z.B. aus dem Boden eines Einweg-Salatschälchens. Rings um die Kante werden mit einem gewöhnlichen Bürolocher in gleichmäßigen Abständen Löcher gestanzt. Die Scheibe sollte ungefähr die angegebene Größe besitzen (siehe Abb. 15).

Am besten eignet sich feines Glitzergarn in Gold und Stricknadeln zwischen Stärke 3 und 6. Sie brauchen so viele Maschen, wie Löcher gestanzt wurden. Sie können auch die Maschenzahl verdoppeln und beim Festnähen nur in jede zweite Masche stechen. Die Spitzen entstehen erst beim Festnähen. Schlagen Sie die Maschen sehr lose an. Statt die Anschlagmaschen aus zwei Fäden aufzunehmen, holen Sie den Faden jeweils durch die vorige Masche, sodass eine Art lockerer Luftmaschenkette entsteht.

Stricken Sie nun zuerst eine Reihe rechts, dann zwei oder vier Reihen Pikot-Muster (siehe Seite 7). Die zweite Reihe des Musters wird rechts gestrickt. Denken Sie daran, dass die letzte gestrickte Reihe in der Mitte des Kreises aufgekräuselt wird. Die Anschlagkante bildet den äußeren Rand. Sie brauchen also nur wenige Reihen. In der letzten Reihe jeweils 2 M. re. zusstr., um die Maschenzahl zu halbieren. Dann die Maschen mit einem Faden zusammenziehen und die Naht an der Seite schließen.

Legen Sie das gestrickte Stück mittig auf die Plastikscheibe und nähen Sie es mit einem Faden durch die Löcher, über den Rand und durch die Anschlagmaschen fest. Dabei entstehen die Spitzen. Den Faden gut vernähen. Je nach Geschmack können Sie die rechte oder linke Seite des gestrickten Stücks als Oberseite verwenden.

Die Heiligenscheine werden mit Klebstoff an den Hinterköpfen befestigt. Wegen der transparenten Einlage ist der Spitzeneffekt von beiden Seiten gut zu sehen.

Tiere

Der Ochse

Zuerst die Grundformen zweimal aus Pappe zuschneiden (siehe Seite 30, Abb. 16) und die Körperhälften am Rücken mit Klebeband zusammenfügen. Die Strickanleitung ist für grobes Tweedgarn berechnet. Wenn Sie andere Wolle verwenden, vergleichen Sie während der Arbeit die Abmessungen mit dem Pappunterbau. Sie brauchen ca. 50 g braunmelierte Wolle sowie Reste in Weiß, Rosa und Hellgrau für die Details (siehe Foto auf Seite 27).

Mit Nadeln Stärke 4 zuerst vier gleiche Beine stricken. Dafür jeweils 10 M. anschl., dann 10 R. glatt re. str. und abketten. Untere und seitliche Naht der Beine schließen, dann die Strickschläuche über die Pappbeine schieben.

Für den Körper 34 M. anschl. und 2 R. im einfachen Rippenmuster stricken. An beiden Enden der nächsten R. je 1 M. abn., eine R. li. str. (ergibt 32 M.). 28 R. glatt re. str., an beiden Enden der folgenden Reihe je 1 M. zun., eine R. li. str. (ergibt 34 M.). Noch 3 R. im einfachen Rippenmuster stricken, dann abketten. Das fertige Stück rechts auf rechts doppelt legen, die Schmalseiten zusammennähen. Wenden und über den Pappunterbau ziehen. Die Oberkanten der gestrickten Beine an die Rippenkante nähen, den Rest der gerippten Unterkante an der Pappe festkleben.

Für den Kopf 14 M. anschl. und 8 R. glatt re. str. In den folgenden Reihen beidseitig je 1 M. abn., bis noch 6 M. übrig bleiben. Das Stück der Länge nach doppelt legen. Die Anschlagkante bildet den Hals, die Abkettkante die Nase. Nase und abgeschrägte Kante zusammennähen, den Hals noch offen lassen. Er wird später an den Körper genäht. Die Pappe einschieben.

Die rosa Nase und die Blesse werden separat gearbeitet. 6 M. mit rosa Garn und Nadeln Stärke 3 anschl. und 5 R. kraus re. str. Weißes Garn ansetzen und weitere 10 R. glatt re. anschließen. In den folgenden Reihen beidseitig 1 M. zun., bis 10 M. erreicht sind. 1 R. li. str., in den drei folgenden R. beidseitig 1. M. abn., dann abketten. Dieses Stück so auf den Kopf nähen, dass die rosa Nase flach auf der Spitze liegt, während der obere Rand der Blesse bis auf den Oberkopf reicht.

Für die Ohren aus Tweedgarn 4 M. mit Nadeln Stärke 3,5 anschl., 6 R. glatt re. str. In der nächsten R. zweimal 2 M. re. zusstr., dann abketten. Das zweite Ohr ebenso arbeiten, dann die Ohren an den Kopf nähen. Die Augen mit dunklem Garn aufsticken. Den Kopf an den Körper stecken und an der Halsöffnung festnähen. Das Kinn hinunterdrücken und mit einigen Stichen in dieser Position fixieren. Den Schwanz bildet eine Kordel, eine Luftmaschenkette oder ein dünner Zopf mit einer Quaste am Ende.

Wer mag, kann noch Hörner aus Pfeifenreinigern oder Draht fertigen. Pfeifenreiniger doppelt bzw. Draht vierfach knicken (fertige Länge: 7,5 cm). Fest mit Wolle umwickeln, zur Mitte hin die Wicklung dicker werden lassen. In Form biegen und mit dem gleichen Garn an der Stirn des Ochsen festnähen (siehe Seite 34, Abb. 17).

Der Esel

Unser Esel besteht aus naturfarbener Tweedwolle, doch jede andere neutrale Farbe eignet sich ebenso gut. Den Unterbau des Körpers aus Pappe zuschneiden (siehe Seite 31, Abb. 18), am Rücken leicht einritzen und in der Mitte falten.

Vier gleiche Beine arbeiten. 8 M. mit Nadeln Stärke 3,5 anschl. und 14 R. glatt re. str. Rechts auf rechts der Länge nach zusammenlegen, Unter- und Seitenkante zusammennähen, wenden und über die Beine des Unterbaus schieben.

Abb. 16

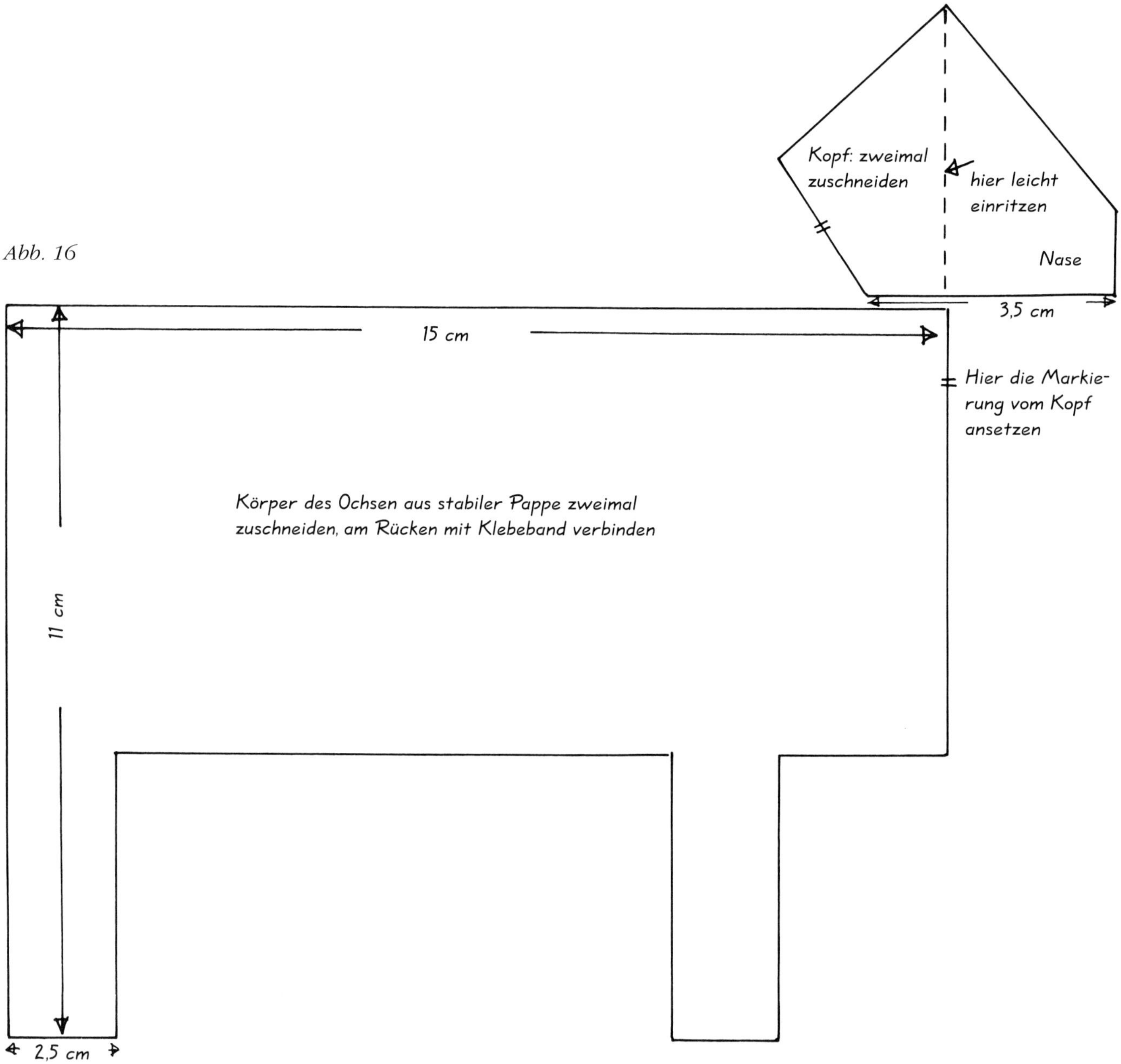
Kopf: zweimal
zuschneiden
hier leicht
einritzen
Nase
3,5 cm
15 cm
Hier die Markie-
rung vom Kopf
ansetzen
Körper des Ochsen aus stabiler Pappe zweimal
zuschneiden, am Rücken mit Klebeband verbinden
11 cm
2,5 cm

Abb. 18

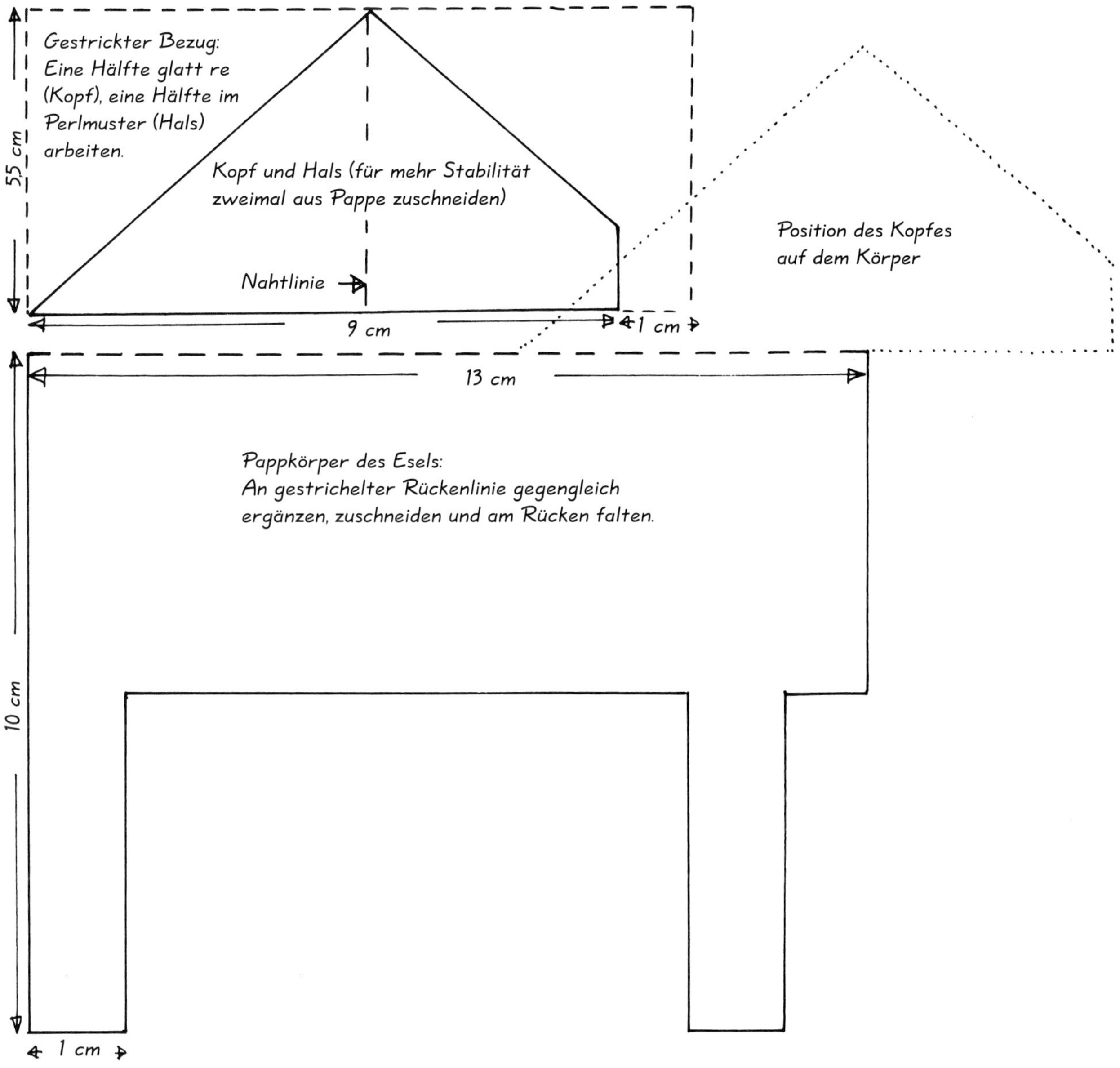

Gestrickter Bezug:
Eine Hälfte glatt re (Kopf), eine Hälfte im Perlmuster (Hals) arbeiten.
5,5 cm
Kopf und Hals (für mehr Stabilität zweimal aus Pappe zuschneiden)
Nahtlinie
9 cm
1 cm
Position des Kopfes auf dem Körper
13 cm
Pappkörper des Esels:
An gestrichelter Rückenlinie gegengleich ergänzen, zuschneiden und am Rücken falten.
10 cm
1 cm

Da liegt es, das Kindlein, auf Heu und auf Stroh,
Maria und Joseph betrachten es froh.

Abb. 17

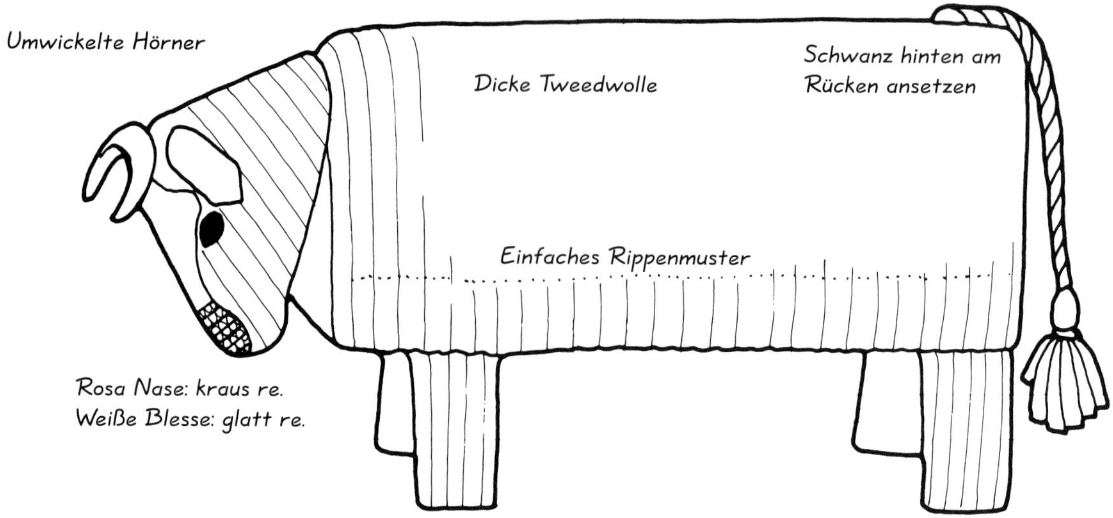
Umwickelte Hörner
Dicke Tweedwolle
Schwanz hinten am Rücken ansetzen
Einfaches Rippenmuster
Rosa Nase: kraus re.
Weiße Blesse: glatt re.

Abb. 19

Hals im Perlmuster
Einfaches Rippenmuster
Beine: glatt re.

Für den Körper 32 M. anschl. und 33 R. im einfachen Rippenmuster stricken. Abketten. Rechts auf rechts zusammenlegen, die Schmalseiten zusammennähen, wenden und über den Pappunterbau ziehen. Die oberen Ränder der Beine annähen, die Unterkante des gestrickten Körpers an der Pappe festkleben.

Für den Kopf 12 M. anschl. und 14 R. glatt re. str. Weitere 16 R. im Perlmuster anschließen, dann abketten. Das Strickstück rechts auf rechts an der Ansatzlinie der beiden Muster zusammenlegen und eine Schmalseite zunähen. Wenden und zu einem Dreieck zurechtzupfen. Die Pappe so einschieben, dass die stumpfe Nase im glatt re. gestrickten Teil liegt. Die Unterkante des glatt re. gestrickten Teil zunähen.

Für die Ohren 6 M. anschl. und 8 R. glatt re. str. In den beiden folgenden R. beidseitig 1 M. abn., dann abketten. Fadenenden vernähen und die Ohren leicht nach vorn geneigt am Kopf befestigen. Auf jeder Seite des Kopfes ein großes, dunkles Auge aufsticken.

Aus 12 weißen Wollfäden einen dicken Zopf flechten. Ein Ende abbinden, sodass eine Quaste für die Stirnlocke entsteht. Auf dem Kopf und zwischen den Ohren festnähen. Jetzt die noch offenen Seiten von Kopf und Hals beidseitig am Körper festnähen. Dabei die Mitte des Kopfes an der Mitte des Rückens ausrichten. Die restliche Mähne bis zum Rücken hinab festnähen. Für den Schwanz eine Luftmaschenkette, Kordel oder einen Zopf arbeiten und zur Quaste abknoten. Am Rumpf festnähen (siehe Seite 34, Abb. 19).

Die Schafe

Die Pappe zuschneiden (siehe Seite 36, Abb. 20) und in der Mitte falten, sodass eine ›Zeltform‹ entsteht. Eventuell muss die Falzlinie zuerst leicht eingeritzt werden. Den Kopf der Stabilität wegen doppelt zuschneiden. Diese langhaarige Schafrasse hat keine Beine!

Für den Körper stricken Sie ein Rechteck in der Größe des Pappunterbaus. Die genaue Anzahl der Maschen und Reihen richtet sich nach dem verwendeten Garn. Schafe gibt es in vielen Naturfarben, außerdem in Schwarz, Weiß und Meliert. Sie brauchen nur kleine Mengen Wolle. Ein 25-g-Knäuel reicht für mehrere Schafe. Wenn Sie lieber eine kurzhaarige Rasse stricken möchten, zeichnen Sie auf der Vorlage für den Unterbau Beine ein. Für ein liegendes Schaf schneiden Sie die Pappe schmaler zu und arbeiten ein passendes Rechteck als Überzug. Setzen Sie die Köpfe in verschiedenen Winkeln an. Die Abbildungen geben dazu einige Anregungen.

Der Körper der Schafe wird im Rippen-Perlmuster gestrickt:
Reihe 1: *3 M. re., 1 M. li. Ab * fortlaufend wiederholen.
Reihe 2: *2 M. re., 1 M. li., 1 M. re. Ab * fortlaufend wiederholen.
Diese beiden Reihen bilden das Muster. Wiederholen, bis die gewünschte Größe erreicht ist.

Für ein stehendes Schaf wie auf dem Foto Seite 32/33 24 M. mit vierfädigem oder dickem Sportgarn anschl. 13,5 cm im Rippen-Perlmuster stricken. Abketten und rechts auf rechts doppelt legen. Die Schmalseiten zusammennähen, wenden und über den Pappunterbau ziehen. Die Unterkanten auf der Pappe festkleben.

Für den Kopf 10 M. anschl. und 10 R. kraus re. str. Dies ist der Hals. Jetzt für das Gesicht glatt re. str. Sie können hierfür auch eine andere Farbe ansetzen. Nach 10 R. abketten. Zwei Ecken zur Mittellinie einschlagen (siehe Seite 36, Abb. 20) und die Naht schließen. Die Pappe einschieben und an der Nase etwas eindrücken sodass sie stumpf wird. Alle Kanten zunähen, dann die Augen aufsticken. Für die Ohren 4 M. anschl. und gleich wieder abketten, ohne Reihen zu stricken. Die Ohren annähen, dann den Kopf nach Wunsch am Körper befestigen.

Abb. 20

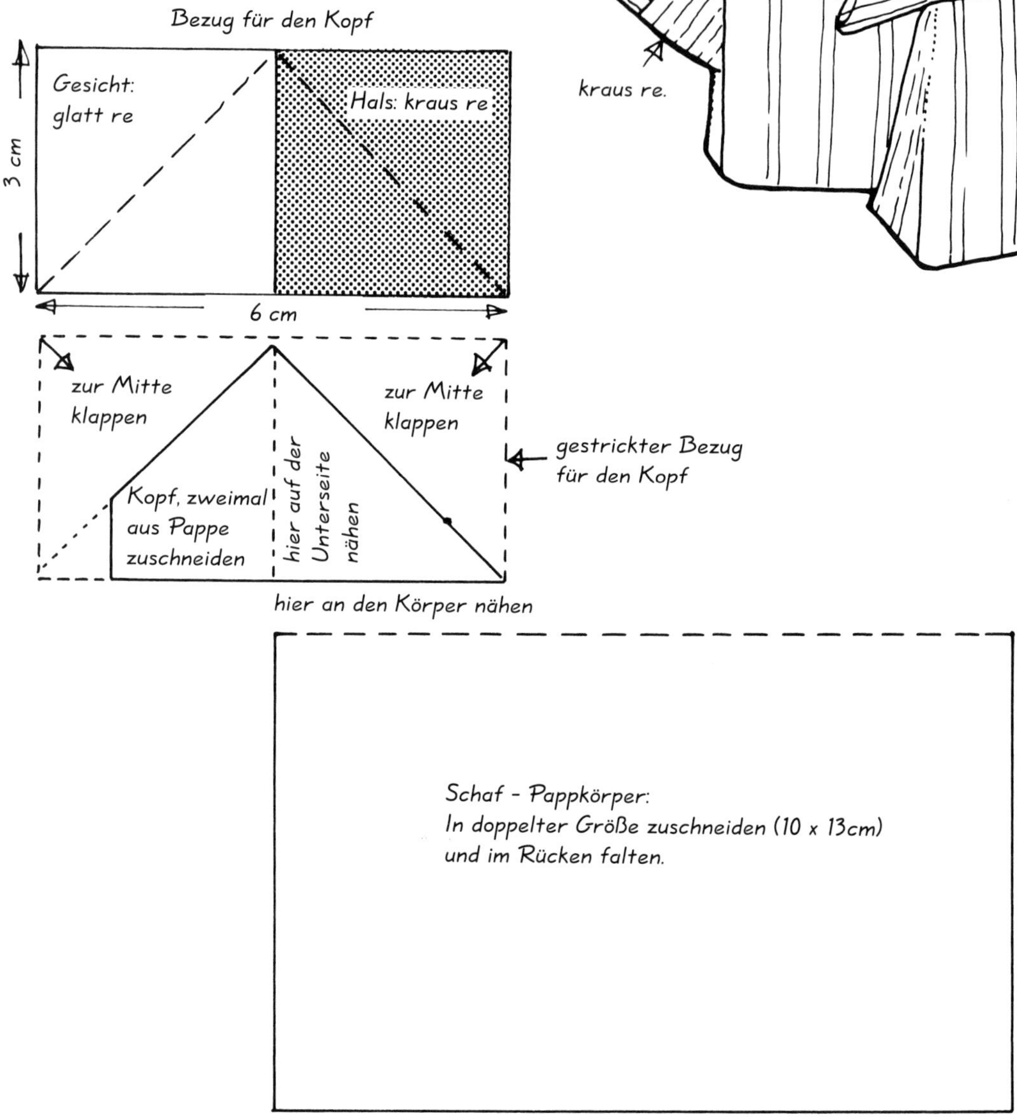

Bezug für den Kopf
Gesicht: glatt re
Hals: kraus re
3 cm
6 cm
zur Mitte klappen
zur Mitte klappen
gestrickter Bezug für den Kopf
Kopf, zweimal aus Pappe zuschneiden
hier auf der Unterseite nähen
hier an den Körper nähen
Schaf - Pappkörper:
In doppelter Größe zuschneiden (10 x 13cm)
und im Rücken falten.

glatt re.
kraus re.

Abb. 21

Hirten

Kniender Hirte

Diese Figur trägt eine braun-melierte Tunika mit langen Ärmeln und darüber eine kurze, helle Weste (siehe auch Foto auf Seite 2). Unter dem Arm hält er ein Lamm, seine Füße schauen unter dem Saum seines Gewandes heraus. Um den Kopf trägt er, wie Joseph, ein Band. Gesicht, Haare, Bart und Stirnband werden wie bei Joseph (Seite 21) gearbeitet. Wie Sie den Pappunterbau einer knieenden Figur basteln, finden Sie auf der nächsten Seite.

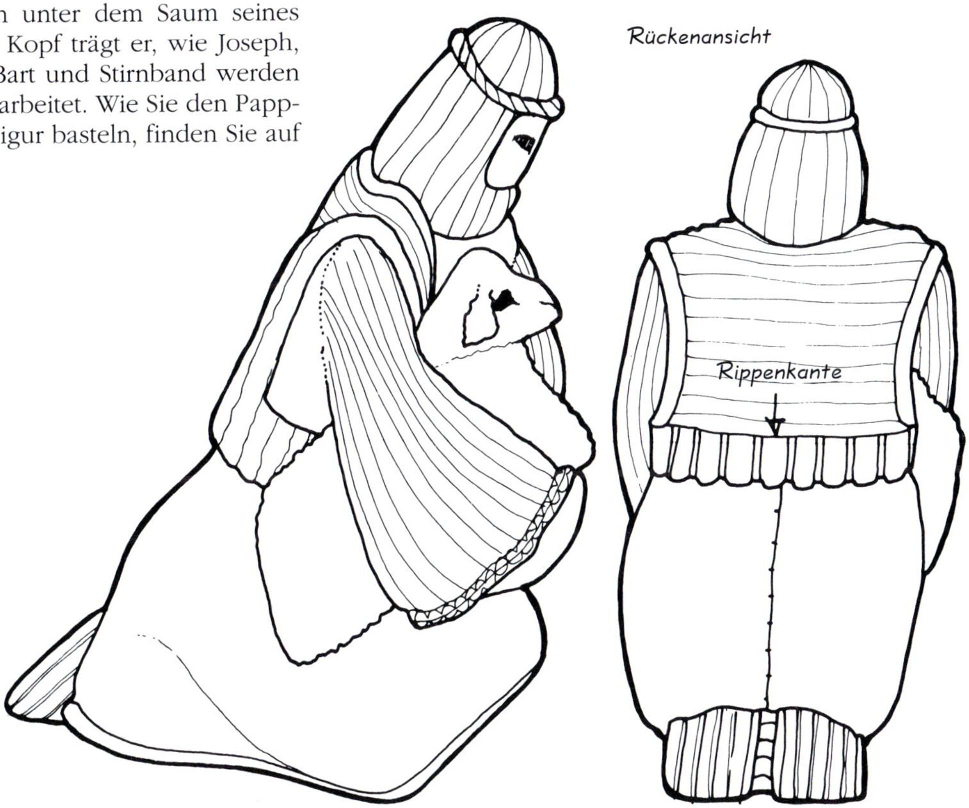

Abb. 22

Für die Tunika habe ich ein grobes Strukturgarn verwendet. Bei einem anderen Garn vergleichen Sie Ihre Arbeit mit den angegebenen Maßen. Die Breite der Tunika sollte 22 cm betragen. 40 M. mit Nadeln Stärke 4 anschl. und 8 R. (4 cm) glatt re. str.
Nächste Reihe (Abnahmereihe): (2 M. re. zusstr., 2 M. re.) 10mal (ergibt 30 M.).
Nun weitere 9 R. arbeiten, bis eine Gesamthöhe von 7 cm erreicht ist.
Nächste Reihe (Abnahmereihe): (2 M. re. zusstr., 3 M. re.) 6mal (ergibt 24 M.)
Hier ist die Breite für den Oberkörper der Figur erreicht (ca. 15 cm). Gerade bis zum Hals hochstricken.
Letzte Reihe: jeweils 2 M. re. zusstr., dann abketten.

Pappunterbau anfertigen und den Kopf wie bei Joseph fertig stellen. Die Tunika darumlegen und die rückwärtige Naht schließen. Dann die Halskante am unteren Rand der Haare festnähen. Augen aufsticken und das Stirnband anbringen.

Für die Ärmel mit gleichem Garn und gleicher Nadel 4 M. anschl. 2 R. glatt re. str., dann in jeder R. beidseitig 1 M. zunehmen, bis 14 M. erreicht sind. Das Stück soll etwa 7,5 cm breit sein.

Gerade weiter stricken, bis 7 cm Gesamthöhe erreicht sind. Mit einer Reihe re. M. enden. Die folgende Reihe re. str., dann mit Nadeln Stärke 3 und hautfarbenem Garn die Hände anschließen. Mit einer Reihe re. M. beginnen, dann noch 4 R. glatt re. arbeiten.
Nächste Reihe (Abnahmereihe): (2 M. re. zusstr., 4 M. re.) 2mal, 2 M. re. zusstr. (ergibt 11 M.).

Noch drei Reihen über diese 11 M. stricken, dann die Maschen mit einem Faden zusammenziehen. Die Seitennähte der Ärmel zur Hälfte schließen. Die Ärmel wie bei den anderen Figuren am Körper befestigen.

Für die Füße zuerst die Pappform zuschneiden (siehe Abb. 23), dann den Überzug stricken. Für die Sohlen der Sandalen 14 M. mit dunklem Garn und Nadeln Stärke 3 anschl. 6 R. kraus li. str. Hautfarbenes Garn ansetzen, aber den dunklen Faden nicht abschneiden. 1 R. li., dann 1 R. re. str. Den hellen Faden abschneiden und mit dunklem Garn 2 R. li. str. Weitere 4 R. kraus li. anschließen, dann abketten (4,5 cm Höhe). Die hellen Reihen bilden die Trennlinie zwischen den beiden Füßen. Das Stück doppelt legen

Abb. 23

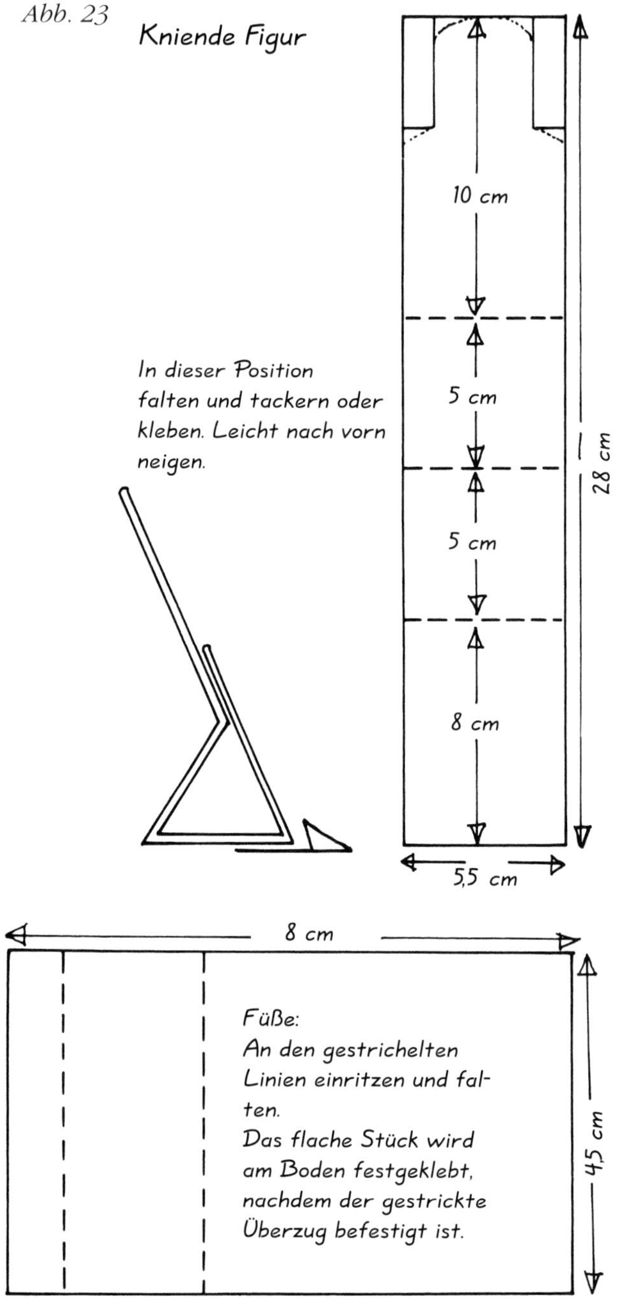

und die Seitennähte schließen. Die Pappform für die Füße in den Überzug schieben und die Füße unten an der Figur festkleben, sodass die Schmalseite gegen den Rücken stößt (siehe Seite 37, Abb. 22). Den Saum der Tunika ringsum festkleben, dabei leicht über den Ansatz der Füße schieben.

Die kurze Weste besteht aus hellem Sportgarn. Das Fadenende am Anfang lang hängen lassen. 14 M. mit Nadeln Stärke 3,5 anschl. und 2 R. re. str.
Reihe 3: 11 M. li., 3 M. re.
Reihe 4: rechts stricken.
Diese beiden Reihen noch einmal wiederholen.
Reihe 7 (li. S. vorn): 10 M. abketten, bis zum Ende der R. str.
Reihe 8, 9, 10 und 11: 4 M. re. str.
Reihe 12: 4 M. re. str., wenden und 10 M. anschl.
Reihe 13: 14 M. re.
Reihe 14: re. str.
Reihe 15: 11 M. li., 3 M. re.
Reihe 14 und 15 zehnmal wiederholen.
Nächste Reihe: 3 M. re., 11 M. li.
Nächste Reihe: 10 M. rechts abketten, die Reihe zu Ende stricken.
Nächste Reihe: 4 M. re.
Nächste Reihe: 4 M. re., wenden und 10 M. anschl.
Nächste Reihe: 11 M. li., 3 M. re.
Nächste Reihe: 14 M. re.
Die letzten beiden Reihen noch einmal wiederholen, dann rechts abketten. Schulternähte schließen und der Figur die Weste überziehen. Eine Kordel drehen, durch die unteren Ecken der Weste ziehen und verknoten.

Das Lamm kann nicht stehen, wie seine größeren Artgenossen auf Seite 35. Es wird unter den Arm des Hirten geschoben. Aus Pappe Kopf und Körper jeweils einmal zuschneiden (siehe Abb. 24). Jeweils ein Rechteck als Überzug für Kopf und Körper stricken, doppelt legen und zusammennähen. Das Lamm wie die großen Schafe fertigstellen, unter den Arm des Hirten schieben und mit Klebstoff fixieren. Die Hände des Hirten unter dem Lamm mit einem Stich zusammennähen.

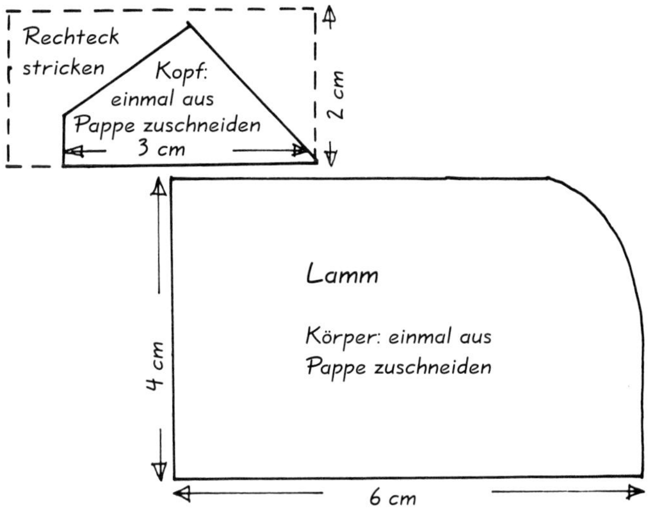

Abb. 24

Stehender Hirte mit Weste und weißem Kopftuch

Den Pappunterbau arbeiten Sie, wie auf den Zeichnungen 11 und 12 auf Seite 22 beschrieben. Weil bei dieser Figur nur sehr wenig vom Gesicht zu erkennen ist (siehe Foto auf Seite 41), müssen keine Haare gestrickt werden. Kopf und Gesicht ebenso wie bei Joseph mit fleischfarbener Wolle arbeiten (siehe Seite 21). Für den Bart 10 M. mit dunkelgrauer oder brauner Sportwolle und Nadeln Stärke 3 anschlagen und 7 R. in einfachem Rippenmuster str. Das Stück im leichten Bogen über die untere Gesichtshälfte spannen und festnähen.

Der bodenlange Mantel besteht aus dickem Multicolor-Garn. Ich habe handgesponnene und -gefärbte Wolle verwendet. Sie brauchen nur etwa 20 g. 48 M. mit Nadeln Stärke 4 anschlagen und die ersten 8 R. glatt re. str.

Abb. 25

Nächste Reihe: (2 M. re. zusstr., 4 M. re.) 8mal (ergibt 40 M.).
Glatt rechts weiter stricken, bis von der Anschlagkante 42 R. (oder 15 cm) erreicht sind. Mit zwei Reihen im Pikot-Muster (siehe Seite 7) am Hals abschließen. Abketten und die Rückennaht schließen. Eine Kordel drehen, die durch die Löcher am Hals gefädelt wird. Das Gewand über die Figur ziehen, die Kordel zuziehen und verknoten. Die Unterkante des Gewandes am Pappunterbau festkleben.

Ärmel und Hände werden separat gestrickt. Mit dem gleichen Garn 4 M. anschl. und 2 R. glatt re. str. In jeder Folgereihe beidseitig 1. M. zun., bis 16 M. erreicht sind. Weitere 4 R. glatt re. str., dann 4 R. kraus re. anschließen. Abketten. Den zweiten Ärmel ebenso arbeiten.

Mit fleischfarbenem Garn die Hände arbeiten. 8 M. mit Nadeln Stärke 3 anschlagen und 8 R. glatt re. str. Die M. der letzten R. mit einem Faden zusammenziehen, dann die Seitennaht rechts auf rechts schließen. Die Hände in den Ärmel schieben und festnähen. Hände und Ärmel wie bei den übrigen Figuren am Körper befestigen.

Die Weste wird aus dicker handgesponnener Wolle gestrickt, die linke Seite liegt außen. Probieren Sie die Größe an der fertigen Figur aus. 20 M. mit Nadeln Stärke 3,5 anschl. 8 R. kraus li. str., dann 14 M. abketten und die Reihe bis zum Ende stricken. 3 weitere Reihen stricken, wenden und 14 M. anschl. 8 R. über diese 20 M. str., dann für den Halsausschnitt am Anfang der folgenden R. 4 M. abketten. Die Reihe fertig stricken und weitere 13 R. (mit einer Reihe li. beginnend) über diese 16 M. str. Am Ende des Halsausschnitts 4 M. aufnehmen und noch 8 R. str. Am Anfang der nächsten R. 14 M. abketten und die Reihe re. beenden. 2 R. über die verbleibenden 6 M. arbeiten, dann 14 M. aufnehmen. 8 R. über diese 20 M. arbeiten, abketten.

Wenn sich die Kanten stark rollen, weichen Sie die Weste in warmem Wasser ein, drücken Sie sie leicht aus und stecken Sie sie auf einem Bügelbrett fest. So trocknen lassen. Die Schulternähte schließen und der Figur anziehen.

HIRTEN

Als ich bei meinen Schafen wacht,
ein Engel mir die Botschaft bracht.

Abb. 26

Das weiße Kopftuch besteht aus cremefarbener Sportwolle. Es ist dreieckig, wird aber anders gearbeitet als Marias Tuch. Die Stirnseite (Anschlagkante) ist mindestens 18 cm lang. 40 M. mit Nadeln Stärke 4 anschl. Die ersten beiden R. li. str., die 3. R. re. Jetzt beidseitig am Ende jeder 2. Reihe 1 M. abnehmen, bis 2 M. verbleiben. Abketten.

Die Anschlagkante über die Stirn des Hirten legen und nach vorn ziehen. Die vorderen Ecken auf der Weste feststecken und annähen. Auch den hinteren Zipfel festnähen. Eine dicke Kordel drehen, um den Kopf legen und festnähen, um das Kopftuch festzuhalten.

Die Hirtenstäbe bestehen aus 25 cm langen Stücken stabilen, biegsamen Drahts. Dünnerer Draht kann doppelt oder vierfach verarbeitet werden. Legen Sie über die Enden des Stabes je ein Stück doppelseitiges Klebeband. Dann umwickeln Sie den Draht mit braunem Garn, bis kein Draht mehr zu sehen ist. Mit einer Zange den Stab in Form biegen, die Hand des Hirten darum legen und festnähen.

Zum Schluss die Augen auf das Gesicht sticken.

Stehender Hirte mit gestreiftem Kopftuch

Den Pappunterbau arbeiten Sie, wie auf den Zeichnungen 11 und 12 auf Seite 22 beschrieben. Kopf und Gesicht werden wie bei Joseph gearbeitet (siehe Seite 21), der Bart wie beim anderen stehenden Hirten (siehe Seite 39).

Das hellgraue Untergewand ist nur ein schmaler gestrickter Streifen, der auf die Vorderseite des Pappunterbaus geklebt wird. Auch hierfür richten Sie sich nach der Anleitung für Joseph (Seite 21).

Für den Mantel habe ich ein blaues Multicolor-Garn verwendet, Sie können aber auch eine andere sanfte Farbe verwenden. Sie benötigen etwa 20 g. 40 M. mit Nadeln Stärke 4 anschlagen und 3 R. re. str.
Reihe 4: 4 M. re., 32 M. li., 4 M. re.
Reihe 5: re. str.

Diese beiden Reihen wiederholen, bis eine Gesamthöhe von 18 cm erreicht ist. Zwei Reihen Pikot-Muster anschließen (siehe Seite 7) und abketten. Eine blaue Kordel zum Durchziehen durch die Pikot-Löcher drehen.

Für die Ärmel jeweils 16 M. mit Nadeln Stärke 3,5 anschl. 2 R. re. str., dann 13 R. glatt re. anschließen, dabei mit einer Reihe linker Maschen beginnen.
Nächste Reihe: (2 M. re. zusstr.) 8mal.
Nächste Reihe: li. str.
Abketten und die Seitennaht schließen.

Für die grauen Unterärmel und die Hände 10 M. mit hellgrauem Garn und Nadeln Stärke 3,5 anschl. 7 R. glatt re. str., die 8. R. re. Mit Nadeln Stärke 3 und fleischfarbenem Garn 4 R. glatt re. str. Die M. der letzten R. mit einem Faden zusammenziehen. Den zweiten Innenärmel genauso arbeiten. Die Seitennähte schließen, die Innenärmel in die Mantelärmel schieben und festnähen oder -kleben.

Für das gestreifte Kopftuch brauchen Sie zweierlei Garn: weiße Sportwolle und blaues Multicolor-Garn. Arbeiten Sie nach der Anleitung für das Kopftuch des anderen stehenden Hirten (Seite 42), aber wechseln Sie jeweils nach 2 Reihen die Farbe. Die Kordel besteht aus blauem Garn.

Den blauen Mantel über die Figur ziehen, die Halskordel festziehen und zuknoten. Die untere Saumkante auf den Pappunterbau kleben, sodass die Kanten des grauen Untergewandes leicht überdeckt werden. Die Ärmel mit den Händen leicht nach vorn gedreht festnähen. Augen aufsticken und das Kopftuch auf dem Kopf ausrichten. Mit der Kordel fest annähen. Die Anleitung für den Hirtenstab finden Sie beim ersten stehenden Hirten (Seite 42). Den Stab in einer der Hände fixieren.

Engel

Den Pappunterbau arbeiten Sie, wie auf den Zeichnungen 11 und 12 auf Seite 22 beschrieben (mit einem Sockel, siehe Seite 8). Arbeiten Sie das Gesicht mit hautfarbener Sportwolle nach der Anleitung für Maria (siehe Seite 16). Die Haare werden aus Glitzergarn in ähnlicher Stärke gestrickt. Ich habe goldenes und perlmuttweißes Garn zusammen verarbeitet. 12 M. mit Nadeln Stärke 3,5 anschl. und kraus li. etwa 23 R. str. An einer Längskante aufkräuseln und über den Kopf legen. Mit einigen längeren Stichen auf der Stirn fixieren. Gesicht aufsticken.

Das Kleid ist ein einfaches Rechteck. Es hat lediglich am Hals eine Lochreihe zum Aufkräuseln. Da Sie hierfür ein beliebiges Garn verwenden können, gebe ich sowohl Maschenzahlen als auch cm-Angaben an. Messen Sie Ihr Strickstück regelmäßig nach. Ich habe ein weißes Glanzgarn verwendet (25 g reichen für Kleid und Flügel aus) und mit Nadeln Stärke 3,5 gearbeitet.

50 M. anschl. und am unteren Saum beginnen. Er sollte mindestens 20 cm breit sein. Glatt re. weiter stricken, lediglich einzelne linke Reihen im unteren Bereich einfügen. Nach 15,5 cm Gesamtlänge 2 R. im Pikot-Muster (siehe Seite 7) arbeiten, darüber noch 2 R. re. str. und abketten.

Die Rückennaht schließen und eine Kordel für den Hals drehen. Die Kordel durch die Pikot-Löcher fädeln, das Kleid überziehen. Die Kordel verknoten. Den Saum am Pappunterbau festkleben.

Für die Ärmel mit dem gleichen Garn 16 M. anschl. 3 R. re. str., dann 2 R. re. mit goldenem Faden arbeiten. 1 R. re. in Weiß anschließen.
Nächste Reihe: li. str.
Nächste Reihe: (2 M. re. zusstr.) 6mal, 1 M. re.
Nächste Reihe: li. str.
Nächste Reihe: 2 M. re. zusstr., 3 M. abketten, 2 M. re. zusstr., die restlichen M. abketten.

Die untere Hälfte der Seitennaht schließen. Den zweiten Ärmel genauso stricken.

Für die Hände 8 M. mit hautfarbenem Garn und Nadeln Stärke 2,5 anschl. 8 R. glatt re. str. Die Maschen mit einem Faden zusammenziehen und die Seitennaht schließen. Die Hände in die Ärmel schieben und festnähen. Die Ärmel am Körper feststecken, die Oberkante liegt dicht am Hals. Beide Seiten der Ärmel festnähen, dabei die Arme leicht nach vorn ziehen.

Für die Flügel (siehe Seite 46, Abb. 27) zuerst eine halbkreisförmige Pappscheibe zuschneiden. Wenn Ihr Engel von vorn und hinten zu sehen ist, müssen Sie den Flügel doppelt arbeiten und Rückseite an Rückseite zusammenfügen.

96 M. mit Nadelstärke 6 und glänzendem weißen Garn anschlagen. Ich habe schimmerndes Rayon-Bändchengarn verwendet.
Reihe 1: * 5 M. re., 2 M. li. Ab * fortlaufend wiederholen. Mit 5 M. re. enden.
Reihe 2: *5 M. li., 2 M. re. Ab * fortlaufend wiederholen. Mit 5 M. li. enden.
Insgesamt 8 R. in diesem Muster arbeiten.
Nächste Reihe: * 2 M. re. zusstr., 1 M. re., 2 M. re. zusstr., 2 M. li. Ab * fortlaufend wiederholen (ergibt 68 M.).
Nächste Reihe: *3 M. li., 2 M. re. Ab * fortlaufend wiederholen. Mit 3 M. li. enden.
Nächste Reihe: Mit Glitzergarn (ich habe wieder Gold- und Perlmuttgarn zusammen verarbeitet) *3 M. li., 2 M. re. Ab * fortlaufend wiederholen. Mit 3 M. re. enden.
Mit weißem Garn im Muster noch 7 Reihen weiter arbeiten. Dann abnehmen wie folgt:
Nächste Reihe: *3 M. re. zusstr., 2 M. li. Ab * fortlaufend wiederholen. Die letzten 3 M. re. zusstr.
Nächste Reihe: *1 M. li., 2 M. re. Ab * fortlaufend wiederholen. Mit 1 M. li. enden.
Mit Nadeln Stärke 4 zwei weitere Reihen im Muster arbeiten.
Nächste Reihe: *2 M. li. zusstr., 1 M. re. Ab * fortlaufend wiederholen. Mit 1 M. re. enden.

ENGEL
Vom Himmel hoch, da komm ich her,
ich bring' Euch gute, neue Mär.

Abb. 27

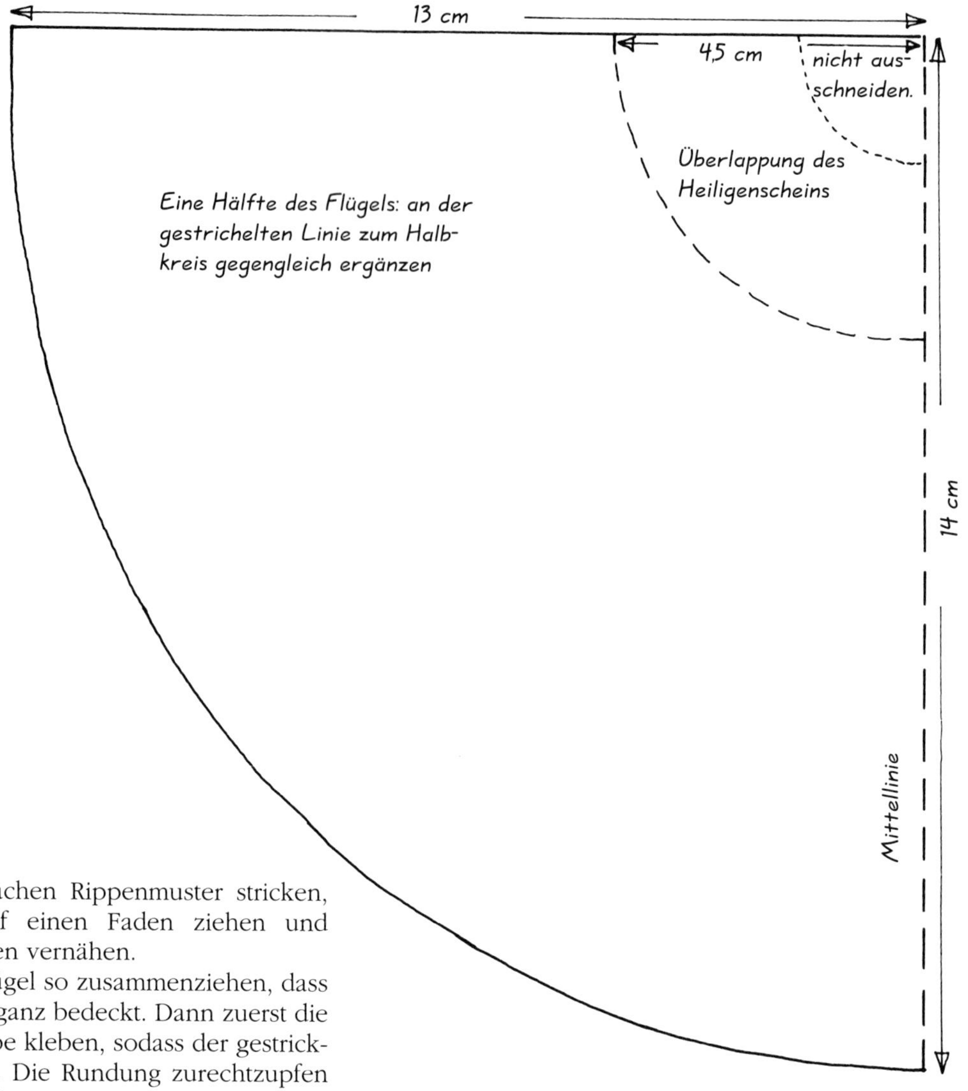

Nächste Reihe: Im einfachen Rippenmuster stricken, dann alle Maschen auf einen Faden ziehen und zusammenkräuseln. Fäden vernähen.

Die Oberkante der Flügel so zusammenziehen, dass sie die Pappe möglichst ganz bedeckt. Dann zuerst die Oberkanten auf die Pappe kleben, sodass der gestrickte Rand leicht übersteht. Die Rundung zurechtzupfen und aufkleben (siehe Abb. 28).

Für den Heiligenschein einen Kreis mit 8 cm Durchmesser aus weißer, silberner oder goldener Pappe ausschneiden und als Basis verwenden. Mit einfachem goldenen Glitzerfaden und Nadeln Stärke 3,5 schlagen Sie 50 M. an und stricken 2 R. kraus re. In der nächsten R. jeweils 2 M. re. zusstr., dann die M. mit einem Faden zusammenziehen. Die Naht schließen und den Heiligenschein zu einem flachen Kreis ausstreichen. Auf dem Pappkreis befestigen. Jetzt den Heiligenschein so auf den Flügeln festkleben, dass er etwa 2,5 cm über die Oberkante hinausragt (siehe Abb. 29).

Den Engel auf die Flügel kleben, sodass der Kopf mittig über dem Heiligenschein liegt. Die Arme ausgebreitet auf den Flügeln festkleben oder nach vorn ziehen und leicht zusammennähen.

Abb. 29

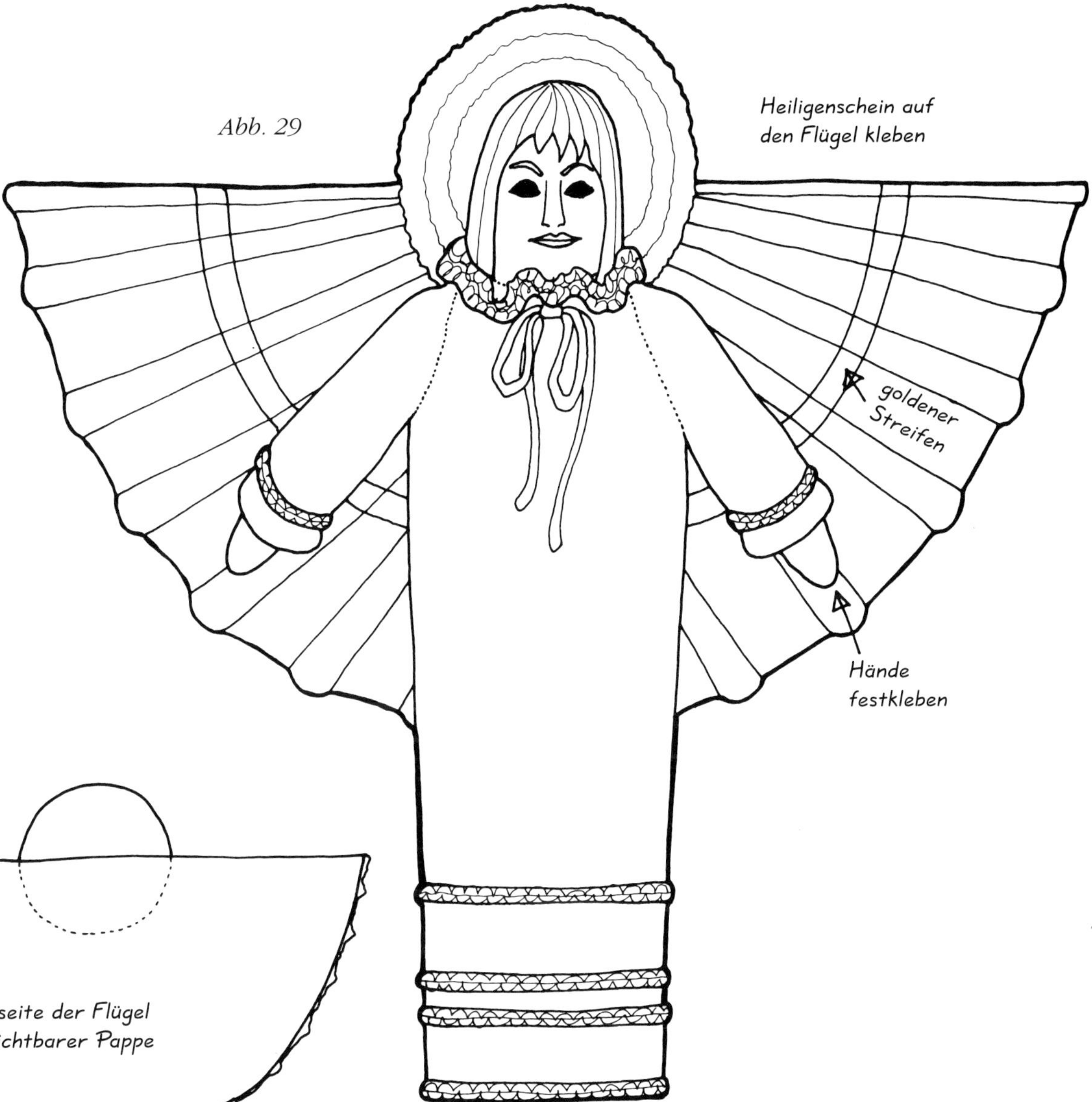
Heiligenschein auf
den Flügel kleben
goldener
Streifen
Hände
festkleben

Abb. 28

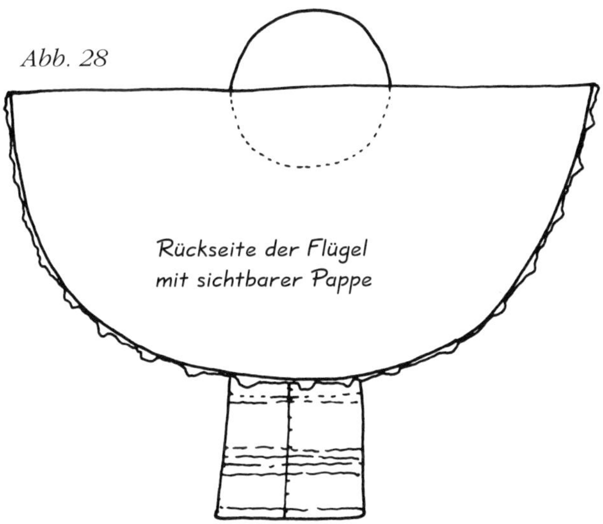
Rückseite der Flügel
mit sichtbarer Pappe

Die Heiligen Drei Könige

Caspar, der ägyptische König in Gelb und Gold

Den Pappunterbau arbeiten Sie, wie auf den Zeichnungen 11 und 12 auf Seite 22 für stehende Figuren beschrieben (mit einem Sockel, siehe Seite 8). Das Gesicht ist dunkelbraun. Die Gesichtszüge werden nicht aufgestickt, sondern mit Filzstift auf Papier gemalt, ausgeschnitten und aufgeklebt. Am besten halten Sie die Teile dabei mit einer Pinzette fest. Das Gesicht wie bei Maria stricken (siehe Seite 16). Haare sind nicht nötig, weil der Kopf mit einem großen Turban bedeckt wird.

Für den Turban verarbeiten Sie leuchtend buntes Multicolor-Garn und Glitzergarn gemeinsam. 18 M. mit Nadeln Stärke 3,5 anschlagen und 54 R. glatt re. str. Abketten.

Anschlag- und Abkettkante zusammennähen, je einen Kräuselfaden durch Ober- und Unterkante der Röhre ziehen. Aufkräuseln, sodass der Turban gut auf den Kopf passt, und einen Streifen Wattiervlies einschieben. Die Fäden vernähen. Eine lange Luftmaschenkette aus Glitzergarn häkeln und in eine dicke Sticknadel fädeln. Mehrmals um den Turban schlingen, dabei mit der Nadel durch Ober- und Unterkante stechen. Dabei das Wattiervlies festhalten. Der Abstand zwischen den einzelnen Windungen soll etwa 1 cm betragen. Die Luftmaschenkette auf der Innenseite des Turbans befestigen.

Das höhere Mittelteil des Turbans wird mit derselben Stricknadel mit Glitzergarn gearbeitet. 18 M. anschl. und 8 R. glatt re. str. In der nächsten Reihe jeweils 2 M. re. zusstr., dann die verbleibenden M. mit einem Faden zusammenziehen. Die Seitennaht schlie-

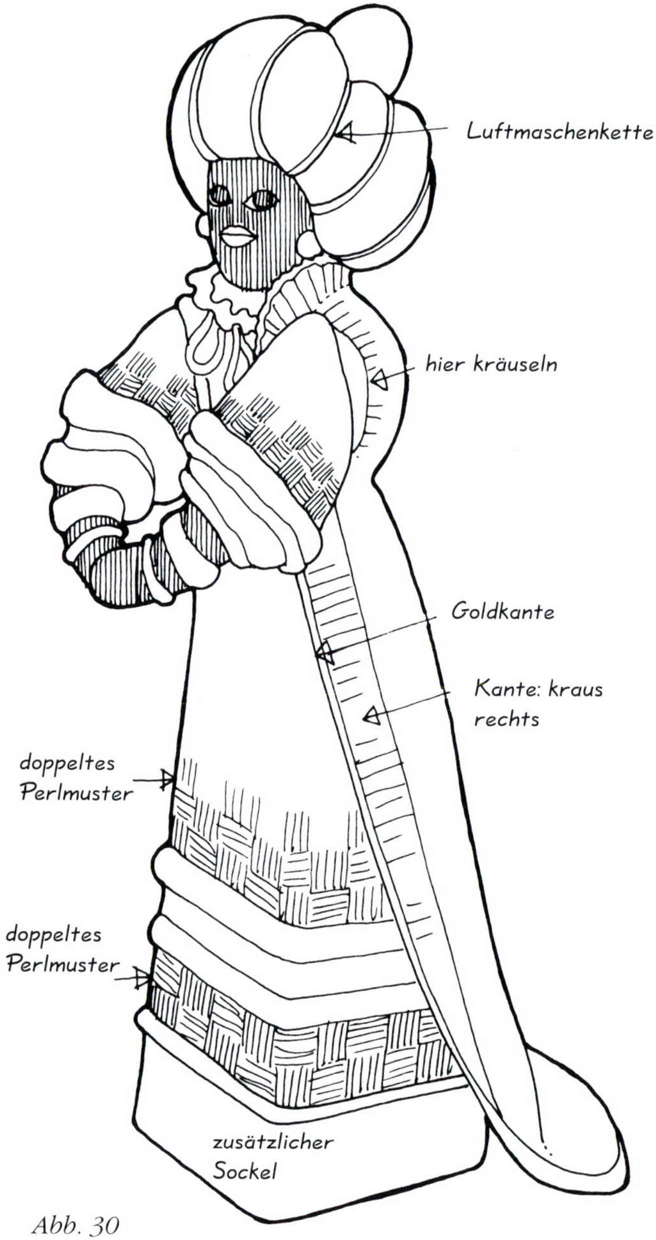

Abb. 30

HEILIGE DREI KÖNIGE

Die heil'gen drei Könige
aus Morgenland,
Sie frugen in jedem Städtchen:
»Wo geht der Weg nach Bethlehem,
Ihr lieben Buben und Mädchen?«

CASPAR

Bin König Caspar, wohlbekannt
Allüberall im Morgenland.

ßen, etwas Wattiervlies hinein schieben und in der Mitte des Turbans festnähen. Den Turban erst am Kopf befestigen, wenn die Kleider angezogen sind.

Für den gelben Umhang brauchen Sie etwa 25 g gelbe Sportwolle und Nadeln Stärke 3,5, außerdem kleine Mengen anderer Gelbtöne, Metallicgarn und Garn in einer Kontrastfarbe.

50 M. anschl., 2 R. re. und 4 R. im doppelten Perlmuster str. Im kontrastfarbenen Garn noch 4 R. im doppelten Perlmuster anschließen, dann Metallicgarn und leuchtend gelbes Garn zusammen ansetzen, 1 R. re. und 1 R. li. str. Den Metallicfaden abschneiden, den gelben Faden lose hängen lassen. Mit hellgelbem Garn 1 R. li. und 1 R. re. anschließen. Diese beiden Reihen wiederholen.

Das hellgelbe Garn abschneiden, den leuchtend gelben Faden wieder aufnehmen, 1 R. re. und 1 R. li. str.
Nächste Reihe (Abnahmereihe): (3 M. re., 2 M. re. zusstr.) 10mal (ergibt 40 M.).

Mit hellgelbem Garn eine R. li. arbeiten, dann im doppelten Perlmuster fortfahren, bis 14 cm Gesamthöhe erreicht sind. Noch 12 R. glatt re. str., dann 2 R. Pikot-Muster (siehe Seite 7) arbeiten und abketten.

Alle Fadenenden auf der linken Seite vernähen. Die Seitennaht schließen. Um saubere Anschlüsse zu erhalten, jeden Streifen mit dem entsprechenden Fadenende vernähen. Eine Kordel für den Hals drehen und durch die Löcher ziehen. Das Gewand über den Pappunterbau ziehen und die Kordel verknoten.

Für die Ärmel 30 M. mit leuchtend gelbem Garn anschl., 2 R. re. und die 3. R. li. str. Die 4. R. mit kontrastfarbigem Garn re. str.
Reihe 5: re., dann den kontrastfarbigen Faden abschneiden.
Reihe 6: leuchtend gelb, re. str.
Reihe 7: den Metallicfaden zum gelben Garn hinzu nehmen, re. str.
Reihe 8: mit den gleichen Garnen, li. str. Beide Fäden abschneiden und mit hellgelbem Garn fortfahren.
Reihe 9: li. str.
Reihe 10 bis 13: doppeltes Perlmuster.
Reihe 14: glatt re., dabei abnehmen wie folgt: (2 M. re. zusstr., 3 M. re.) 6mal.
Reihe 15: 24 M. li. str.
Reihe 16: (2 M. re. zusstr., 6 M. re.) 3mal.
Reihe 17: li. str.
Reihe 18: am Anfang und Ende der Reihe jeweils 2 M. re. zusstr., sonst re.
Reihe 19 und 20: wie Reihe 17 und 18.
Reihe 21: jeweils 2 M. li. zusstr., mit 1 M. li. enden.
Abketten, alle Fadenenden vernähen und die Seitennaht mit passenden Fäden schließen.
Den zweiten Ärmel genauso arbeiten.

Für Arme und Hände dunkelbraunes Garn wie für das Gesicht verwenden. 12 M. anschl. und 14 R. glatt re. str. Den Faden lose hängen lassen und goldfarbenes Garn ansetzen.
Reihe 15 und 16: re. str.
Reihe 17: li. str.
Reihe 18: re. str. Goldfaden hängen lassen.
Reihe 19: in Dunkelbraun weiter re. str.
Reihe 20: li. str.
Reihe 21: in Gold, re. str.
Reihe 22: re. str. Goldfaden abschneiden.
6 Reihen in Dunkelbraun anschließen.
Nächste Reihe: (2 M. re. zusstr.) 6mal.
Die restlichen 6 Maschen mit einem Faden zusammenziehen.

Die Seitennaht rechts auf rechts schließen, wenden und die Hand in den Ärmel schieben und feststecken. Die Nähte von Arm und Ärmel sollen aufeinander liegen. Einen Faden durch die Anschlagkante des Ärmels ziehen und diesen zusammenziehen, sodass er knapp über dem goldenen Armband fest um den Arm liegt. Ärmel und Arm zusammennähen.

Das obere Ende des Ärmels knapp unter dem Hals an den Körper stecken, leicht nach vorn biegen und festnähen. Die Nähte liegen unter dem Arm. Den Saum des Gewandes am Pappunterbau festkleben.

Die lange, ärmellose Weste ist aus goldgelbem Garn mit Nadeln Stärke 4 gearbeitet. Ich habe die Kanten mit goldfarbenem Garn umhäkelt, aber Sie können sie auch umsticken.
20 M. anschl. und die erste R. re. str.
Reihe 2: 1 M. zun., die Reihe beenden, 1 M. zun.
Reihe 3: 4 M. re., links fortfahren, die letzten 4 M. re.
Diese beiden Reihen wiederholen, bis 30 M. erreicht sind. Dann im gleichen Muster gerade weiterarbeiten,

bis die Gesamtlänge 18 cm beträgt. Mit 1 R. li. enden.
Für die Armlöcher die Arbeit teilen.
Nächste Reihe: 5 M. re., 3 M. abk., 14 M. re., 3 M. abk., 5 M. re. (die M. auf der Nadel jeweils eingeschlossen).
Jetzt über die ersten 5 M. 15 R. kraus rechts str. Abketten.
Den Faden an den mittleren 14 M. ansetzen.
Reihe 1: 4 M. re., 6 M. li., 4 M. re.
Reihe 2: re. str.
Diese beiden Reihen noch sechsmal wiederholen, dann die erste Reihe noch einmal arbeiten. Abketten.
Das Garn an den letzten 5 M. ansetzen und wie die andere Seite fertigstellen.

Das Stück flach ausbreiten, feststecken und mit einem feuchten Tuch dämpfen. Schulternähte schließen und alle Fäden auf der li. S. vernähen. Jetzt die Weste überziehen. Damit die Armlöcher besser sitzen, werden sie mit einem Faden leicht aufgekräuselt. Auf beiden Seiten des Kopfes große Perlen als Ohrringe annähen. Den Turban auf dem Kopf festkleben. Die Spitzen der Hände zusammennähen, damit sie das Geschenk (siehe Seite 58) tragen können.

Balthasar, der persische König in Grün und Rot

Den Pappunterbau arbeiten Sie, wie auf den Zeichnungen 11 und 12 auf Seite 22 für stehende Figuren (mit einem Sockel darunter, siehe Seite 8) beschrieben. Das Gesicht wird ebenso wie bei Joseph (Seite 21) gearbeitet, in einem dunklen Hautton. Für den Kopf müssen keine Haare gestrickt werden, weil er einen hohen Kopfschmuck trägt. Ideal für den Bart ist ein dunkles Bouclégarn, das wie gekräuselt wirkt (siehe Seite 52).

Für die Haare 19 M. mit Nadeln Stärke 3,5 anschl. und 6 R. (= 2,5 cm) im einfachen Rippenmuster str.
Nächste Reihe: 7 M. im Rippenmuster, die mittleren 5 M. abketten, dann wieder 7 M. im Rippenmuster str.
Jetzt die Seiten einzeln fertigstellen: 5 M. im Rippenmuster, 2 M. re. zusstr.
Nächste Reihe: 2 M. li. zusstr., 4 M. im Rippenmuster.
Nächste Reihe: 3 M. im Rippenmuster, 2 M. re. zusstr.

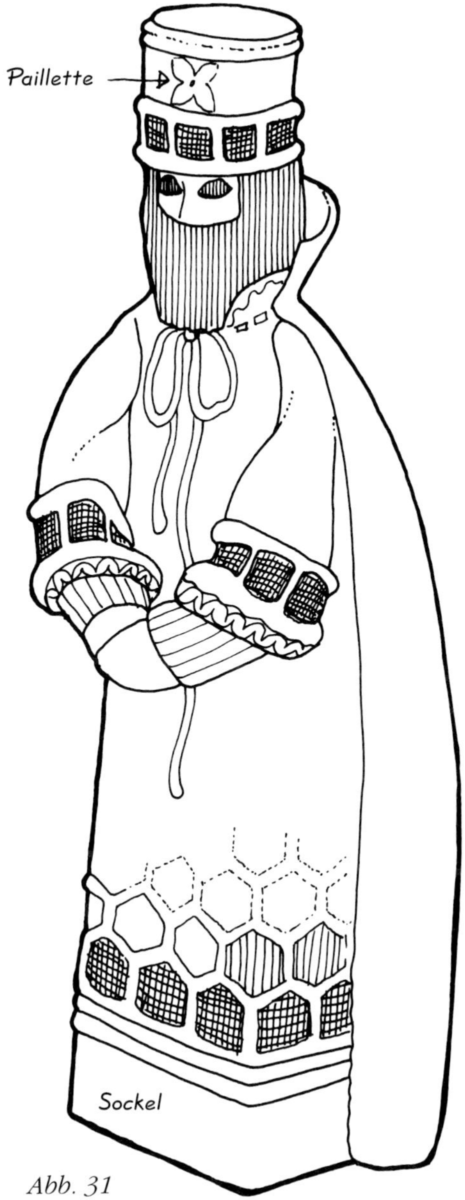

Abb. 31

BALTHASAR

***Ich bin der König Balthasar,
Reiche Dir Myrrhe und Silber
dar.***

Nächste Reihe: 2 M. li. zusstr., 2 M. im Rippenmuster. 5 M. anschl., alle 8 M. im Rippenmuster str. Eine weitere. R. über alle M. arbeiten, dann im Rippenmuster abketten. Faden abschneiden und die anderen 7 M. wieder aufnehmen.
Nächste Reihe: 2 M. re. zusstr., 5 M. im Rippenmuster str.
Nächste Reihe: 4 M. im Rippenmuster, 2 M. li. zusstr.
Nächste Reihe: 2 M. re. zusstr., 3 M. im Rippenmuster.
Nächste Reihe: 2 M. im Rippenmuster, 2 M. li. zusstr.

Zwei Reihen über diese 3 M. arbeiten, dann abketten. Alle Fadenenden vernähen, die beiden Schmalseiten auf der Stirn zusammenfügen. Die Haare rings um das Gesicht und am Hinterkopf festnähen.

Für den Bart 7 M. anschl. und 8 R. im einfachen Rippenmuster str. Abketten und beidseitig an den Haaren annähen. Den Bart bis auf die Brust herabhängen lassen. Dunkelbraune Augen aufsticken.

Für den goldenen Hut eine Papprӧhre (4 cm Durchmesser, 3 cm Höhe) vorbereiten. Mit Gold-Metallicgarn 39 M. mit Nadeln Stärke 3 anschl., 1 R. re. str., dann mit grünem Metallicgarn weiterarbeiten. Die Reihen 3 – 8 des Grundmusters vom Gewand (siehe unten) arbeiten, dann weitere 5 R. glatt re. mit Goldgarn stricken. Mit einer R. li. beginnen.
14. Reihe: li. str. Abketten.
Seitennaht schließen und auf die Papprӧhre kleben.

Für die Oberseite 38 M. anschl. und 3 R. glatt re. str. In der nächsten Reihe jeweils 2 M. li. zusstr. (ergibt 19 M.). Die Maschen mit einem Faden fest zusammenziehen und die Schmalseiten zusammennähen. Zu einem Kreis glattstreichen und die Außenkante an den Rand des Hutes nähen. In der vorderen Mitte eine große Paillette aufnähen. Hut aufsetzen und festkleben.

Das zweifarbige Gewand wird in einem einfachen Muster mit Hebemaschen gestrickt. Sie brauchen je etwa 20 g Wolle in Rot und Grün.
Das Grundmuster geht folgendermaßen:
Reihe 1 und 2: mit rotem Garn re. str.
Reihe 3: mit grünem Garn 3 M. re., 1 M. (rot) abh. Fortlaufend wiederholen, die letzten 3 M. re. str.
Reihe 4: in Grün 3 M. li., 1 M. (rot) abh. Fortlaufend wdh. Die letzten 3 M. li. str.
Reihe 5 und 6: Reihe 3 und 4 wiederholen.
Reihe 7 und 8: in Rot wie Reihe 1 und 2 str.
Reihe 9: in Grün 1 M. re. * 1 M. abh., 3 M. re. Ab * fortlaufend wiederholen. Mit 1 M. abh., 1 M. re. enden.
Reihe 10: in Grün 1 M. li. str. *1 M. abh., 3 M. li. Ab * fortlaufend wiederholen. Mit 1 M. abh., 1 M. li. enden.
Reihe 11 und 12: Reihe 9 und 10 wiederholen.
Diese 12 Reihen bilden das Muster.

Für das Gewand schlagen Sie 47 M. mit Nadeln Stärke 3,5 an und stricken 3 R. re. 5 Musterrapporte des Grundmusters arbeiten (= 60 R.), dann Reihe 1–8 wiederholen. Den grünen Faden abschneiden, in Rot 2 Reihen im Pikot-Muster arbeiten (siehe Seite 7). Abketten. Die Rückennaht schließen, eine Kordel drehen und diese durch die Löcher am Hals fädeln.

Für die Ärmel 22 M. in Rot anschl. und 3 R. re. str. Den Faden nicht abschneiden. Grünes Garn ansetzen und Reihen 3–8 des Grundmusters stricken. Den roten Faden abschneiden. In Grün 1 R. re. und 1 R. li. str. Glatt re. weiterarbeiten. Am Anfang und Ende der folgenden Reihen je 1 M. abnehmen, bis noch 8 M. verbleiben. 1 R. li. str., dann abketten.

Für die Unterärmel und die Hände 14 M. mit grünem Metallicgarn und Nadeln Stärke 3 anschl. 7 R. glatt re. str. Nach der 8. R. den grünen Faden abschneiden, weitere 4 R. glatt re. mit hautfarbenem Garn arbeiten.
Nächste Reihe: (2 M. re. zusstr.) 7mal (ergibt 7 M.).

Die Maschen mit einem Faden zusammenziehen. Die zweite Hand ebenso arbeiten. Seitennähte schließen, die Hände leicht wattieren und in die Öffnungen der äußeren Ärmel kleben. Die Ärmel knapp unter dem Hals an den Körper nähen.

Für den Umhang habe ich grünes Mohairgarn mit Glitzereffekt verwendet. Sie brauchen etwa 20 g Garn und Nadeln Stärke 4. 30 M. anschl. und 3 R. re. str. Glatt re. fortfahren. Damit sich die Kanten nicht rollen, jeweils 3 M. am Anfang und Ende jeder Reihe kraus re. str. Insgesamt 60 R. arbeiten.
Nächste Reihe (Abnahmereihe): (2 M. re. zusstr.) 15mal.
Für den Kragen 10 R. im einfachen Rippenmuster str., dann abketten und die Fäden vernähen. Den Umhang unterhalb des Kragens aufkräuseln, an den Schultern festnähen und den Kragen nach hinten umlegen. Den Saum des Gewandes an den Pappunterbau kleben. Die Hände mit einem Stich verbinden, sodass sie das Geschenk (siehe Seite 58) halten können.

Melchior, der kniende König in Grün und Silber

Der dritte König trägt ein schlichtes, grünes Gewand, dessen Ärmel in der Mitte mit einer Kordel gerafft sind. Darüber trägt er einen reich strukturierten Umhang. An den weißen Haaren und dem langen Bart ist sein ehrwürdiges Alter zu erkennen. Den Pappunterbau arbeiten Sie, wie auf den Zeichnungen 6 und 7 auf Seite 16/17 beschrieben. Das Gesicht wird aus hautfarbener Wolle ebenso wie alle anderen gestrickt. Die Augen werden in Blau aufgestickt, die Augenbrauen in Weiß.

Für die Haare 19 M. mit weißer Wolle und Nadeln in Stärke 3,5 anschl. und 18 R. im Perlmuster stricken.
Nächste Reihe: (2 M. re. zusstr.) 9mal, 1 M. re. Die Maschen mit einem Faden zusammenziehen und der Kopfform anpassen. Die vorderen, unteren Ecken am Gesicht feststecken. Für den Bart 2 M. anschl. und re. str.
Reihe 2: beidseitig je 1 M. zun., ergibt 4 M.
Reihe 3: (1 M. re., 1 M. li.) 2mal.
Reihe 4: beidseitig je 1 M. zun., den Rest im einfachen Rippenmuster str.
Reihe 5: einfaches Rippenmuster über 6 M.
Reihe 6: wie Reihe 4.
Über diese 8 M. weitere 7 R. str., dann abketten und den Bart in Position stecken. Die Seitenkanten des Bartes an die Haare nähen, die Oberkante ans Gesicht. Jetzt auch die Haare festnähen. Nur die Unterkante lose lassen: sie soll später den Ausschnitt des Gewandes überdecken.

Der silberne Reif auf dem Kopf des Königs besteht aus einem Pappring von 4 cm Durchmesser und 1 cm Höhe. Auf der Außenseite einen Streifen doppelseitiges Klebeband befestigen, dann mit Silber-Metallicgarn umwickeln. Die Fadenenden unter die Wicklungen schieben. Den Reif sorgfältig auf den Haaren festkleben.

MELCHIOR
Wir kommen aus dem Morgenland,
König Melchior bin ich genannt.

Für das grüne Gewand brauchen Sie etwa 20 g grüne Wolle und Nadeln Stärke 3,5. Die Maße entsprechen denen für den knienden Hirten, der jedoch aus dickerem Garn gearbeitet wurde (siehe Seite 37). Sie können beide Anleitungen verwenden, je nachdem welches Garn Sie benützen.
52 M. anschl. und im doppelten Rippenmuster 14 R. str. Ausgestreckt soll das Stück eine Breite von ca. 22 cm besitzen.
Reihe 15: (2 M. re. zusstr., 2 M. li.) 13mal.

Abb. 32

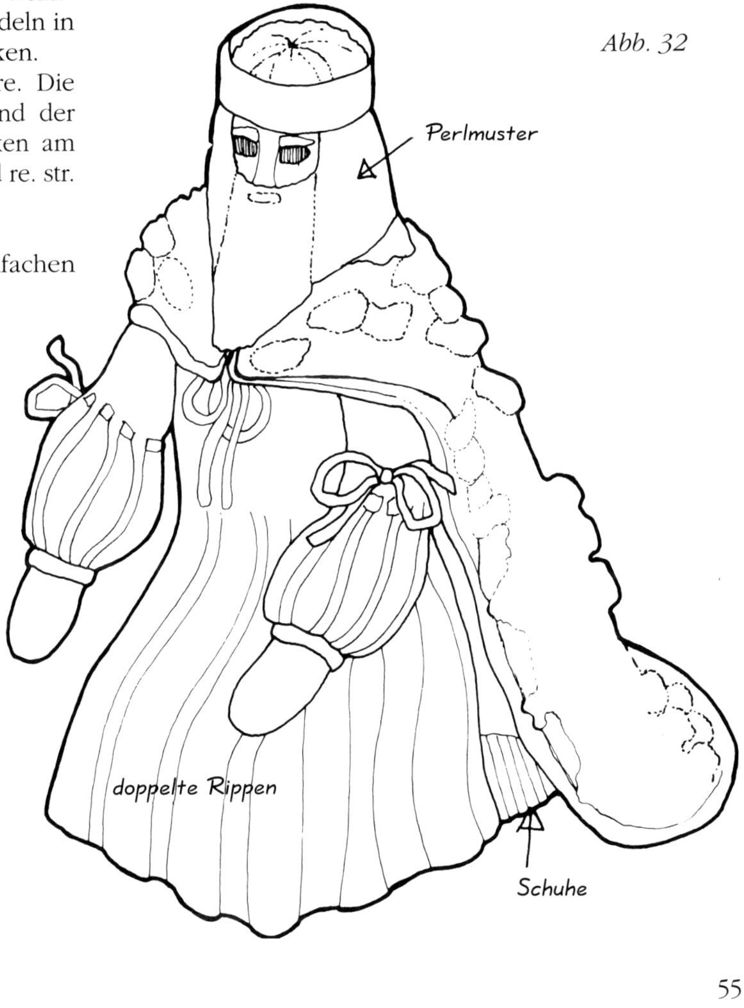

Reihe 16: *2 M. re., 1 M. li. Ab * fortlaufend wiederholen.
Reihe 17: *1 M. re., 2 M. li. Ab * fortlaufend wiederholen.
Die letzten beiden Reihen wiederholen, bis eine Gesamthöhe von 8 cm erreicht ist.
Danach bis zu einer Gesamthöhe von 13 cm glatt re. weiter stricken.
2 R. Pikot-Muster str. (siehe Seite 7), um eine Lochkante zum Durchziehen der Kordel am Hals zu erhalten, dann abketten.

Für den Hals eine 41cm lange Kordel drehen. Das Strickstück re. auf re. zusammenlegen und die Rückennaht schließen. Das Gewand wenden und über den Pappunterbau ziehen. Die Kordel durch die Löcher am Hals ziehen und verknoten, den Rand unter Haare und Bart schieben und festnähen.

Für Arme und Hände 4 M. mit grünem Garn anschl. und 2 R. glatt re. str. Am Anfang und Ende der nächsten und jeder folgenden Rechtsreihe je 1 M. zunehmen, bis 16 M. erreicht sind. Die nächsten 2 R. im Pikot-Muster str., um eine Lochkante zu erhalten (siehe Seite 7).
Nächste Reihe: (1 M. re., 1 M. zun.) 8mal (ergibt 24 M.).
Die folgenden 7 R. im einfachen Rippenmuster stricken.
Nächste Reihe: (2 M. re. zusstr.) 12mal (ergibt 12 M.).

Mit Nadeln Stärke 3 eine R. re. str., dann den grünen Faden abschneiden und mit hautfarbenem Garn weiterarbeiten. 7 R. glatt re. str., in der 8. Reihe jeweils 2 M. li. zusstr. Die verbleibenden M. mit einem Faden zusammenziehen. Rechts auf rechts Hand und Ärmel mit dem jeweils passenden Fadenende zusammennähen. Den Ärmel nur bis zur Pikot-Reihe schließen. Wenden und den unteren Teil des Ärmels – aber nicht die Hand – leicht wattieren. Den Ärmel an der Schulter feststecken und den zweiten Ärmel entsprechend arbeiten. Beide Ärmel leicht nach vorn gedreht am Körper festnähen.

Die Füße wie beim knienden Hirten arbeiten und am Körper befestigen (siehe Seite 38). In Höhe der Knie zwischen Strick und Pappunterbau etwas Wattierung einschieben, dann den Saum des Gewandes am Unterbau festkleben.

Verwenden Sie für den Umhang das prächtigste Garn, das Sie finden können. Da die linke Seite nach außen zeigt (kraus li.), ist ein Bouclé- oder Noppengarn besonders schön. Der Umhang wird mit zwei vorspringenden Zipfeln vorne befestigt. 40 M. mit Nadeln Stärke 3,5 anschl. und 6 R. kraus re. str.
10 M. abketten, 16 weitere R. über die verbleibenden 30 M. stricken. Dann für den zweiten Schulterzipfel 10 M. an der gleichen Seite anschlagen, 6 R. über diese 40 M. arbeiten und abketten. Die beiden Zipfel zusammennähen, sodass ein Loch für den Kopf entsteht. Den Umhang über den Rücken der Figur drapieren. Bei dem Modell auf dem Foto wurde der Umhang mit silbernem Metallicgarn mit festen Maschen umhäkelt. Dadurch rollen sich die Kanten nicht so leicht. Eventuell muss der Umhang zusätzlich mit einem feuchten Tuch gedämpft werden.

Zwei kurze Kordeln aus grünem Garn drehen und als Dekoration durch die Pikot-Reihen der Ärmel ziehen.

Die Geschenke der Könige

Die Geschenke können den Heiligen Drei Königen in die Arme gelegt oder auf dem Stallboden zu Marias Füßen platziert werden. Für die kleinen Pakete brauchen Sie kleine Pappstücke und -röhren als »Innenleben«. Die gestrickten Überzüge können mit Pailletten und Perlen verziert werden. Am schönsten sehen Metallicgarne aus, von denen Sie jeweils nur kleine Mengen brauchen. Besonders dünne Garne werden doppelt verarbeitet.

Gold

Den Pappunterbau gemäß Abb. 34 vorbereiten. Einen gestrickten Bezug aus Gold-Metallicgarn mit Nadeln Stärke 3 arbeiten. 30 M. anschl. und 4 R. kraus li. str. Dann 12 R. glatt re. und 2 R. Pikot-Muster anschließen (siehe Seite 7). Danach 2 R. glatt re. und 2 R. kraus li. str., in der folgenden R. jeweils 2 M. li. zusstr. (ergibt 15 M.). Die M. mit einem Faden zusammenziehen, um den Boden zu erhalten. Das Stück zur Röhre zusammennähen und über den Unterbau ziehen und festkle-

Abb. 33

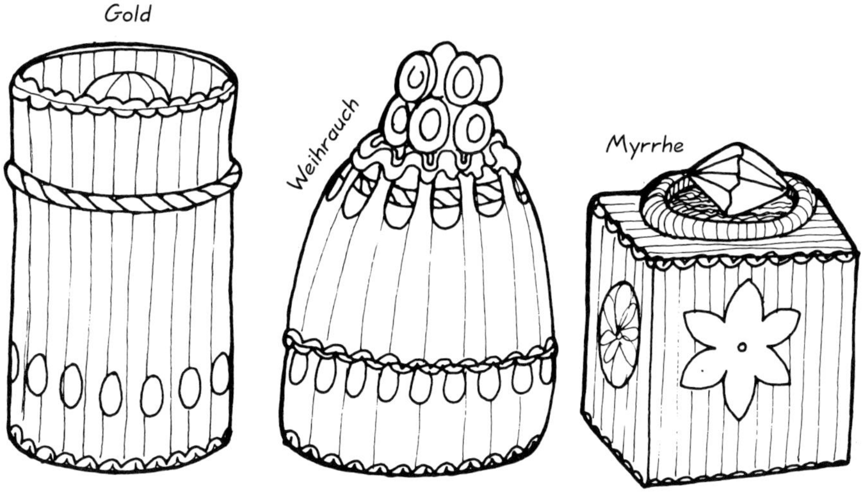

Gold
Weihrauch
Myrrhe

Abb. 34

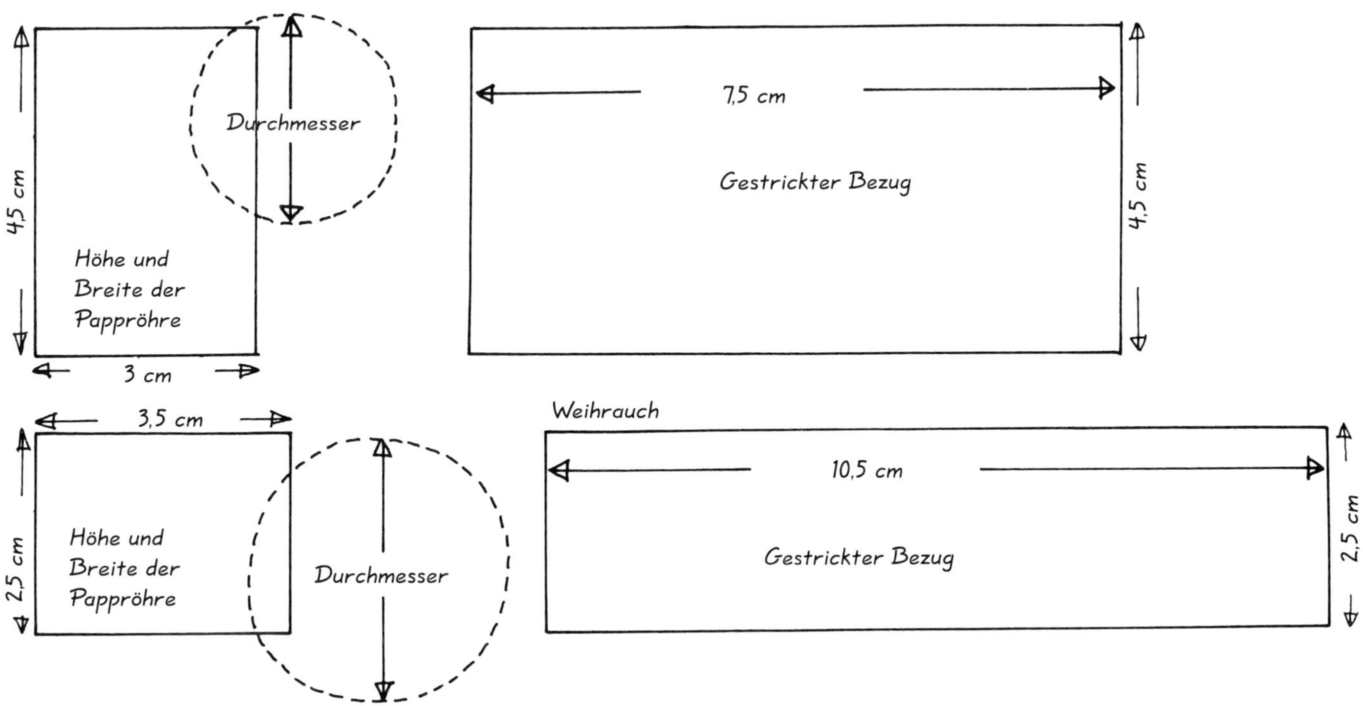

4,5 cm
Durchmesser
Höhe und Breite der Pappröhre
3 cm
Gold
7,5 cm
Gestrickter Bezug
4,5 cm
3,5 cm
2,5 cm
Höhe und Breite der Pappröhre
Durchmesser
Weihrauch
10,5 cm
Gestrickter Bezug
2,5 cm

ben. Eine große Paillette oder Perle in der Mitte aufnähen. Ich habe das Geschenk zusätzlich mit einer Luftmaschenkette aus einem helleren Garn verziert.

Weihrauch

Die Pappröhre gemäß Abb. 34 auf Seite 57 vorbereiten. Mit Kupfer-Metallicgarn und Nadeln Stärke 3 einen Streifen stricken. Dafür 40 M. anschl. und 4 R. glatt re., dann 3 R. kraus li. und wieder 3 R. glatt re. str. 2 R. Pikot-Muster (siehe Seite 7) anschließen, dabei aber die 2. R. re. str. Weitere 6 R. glatt re. und wieder 2 R. Pikot-Muster str. Die beiden folgenden R. kraus li. str., dabei in der letzten R. jeweils 2 M. li. zusstr. (ergibt 20 M.). Noch eine R. re. str., dann abketten. Die Naht schließen. Zur Dekoration eine Kordel oder Luftmaschenkette durch die oberen Pikots ziehen und Perlen auf das Oberteil nähen.

Myrrhe

Hierfür brauchen Sie ein Stück Pappe in den Maßen 7,5 x 10 cm. Gemäß Abb. 35 aufteilen, zuschneiden und einen Würfel als Unterbau für den gestrickten Bezug zusammenkleben. Der Bezug wird in der gleichen Form und Größe wie die Pappe gestrickt. Mit Nadeln Stärke 3 und Silber-Metallicgarn 9 M. anschl. und gemäß der Zeichnung zu Abb. 35 stricken. Die Seiten rechts auf rechts so zusammennähen, dass ein Würfel entsteht. Den Pappwürfel einschieben, ehe die letzten Nähte geschlossen werden.

Ein Gardinenring aus Plastik wird mit dem gleichen Garn umwickelt und als Dekoration auf der Oberseite festgenäht. Sie können zusätzlich Pailletten oder Glitzerperlen befestigen.

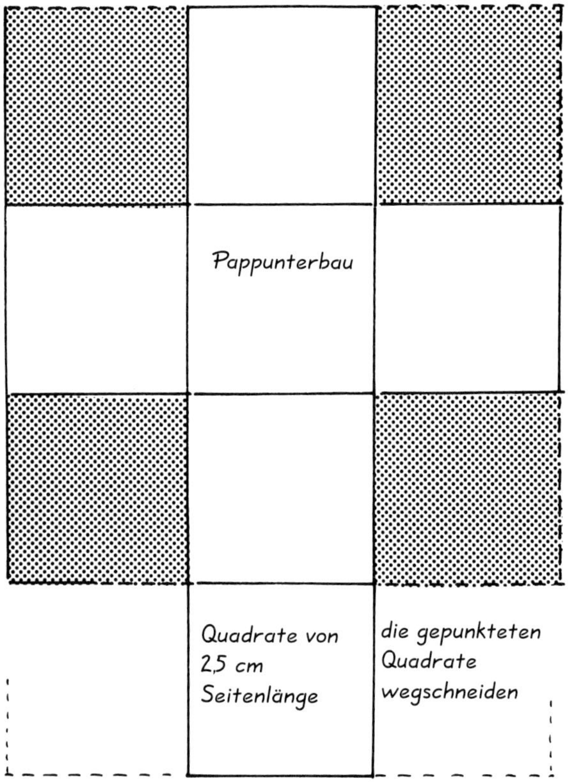

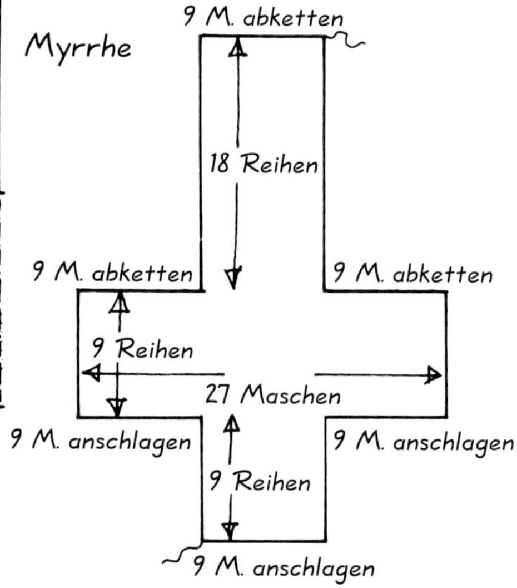

Abb. 35

Kinder

Diese beiden Kinder stammen aus unserer Zeit; sie sind gekommen, um das Weihnachtswunder mit eigenen Augen zu sehen (siehe Seite 61). Sie brauchen nur kleine Mengen Wolle in lebhaften Farben, die gut mit den matteren Naturtönen der Hirten und Tiere kontrastieren. Die Gesichter werden wie bei den anderen Figuren gearbeitet.

Das Mädchen

Zuerst den Pappunterbau zuschneiden (siehe Abb. 36). Für die Haare des kleinen Mädchens in Hemd und Mantel braun meliertes Sportgarn verwenden. Mit Nadeln Stärke 3,5 18 M. anschl., 13 R. glatt re. str.
Reihe 14: (2 M. li. zusstr.) 9mal.
Die restlichen M. mit einem Faden zusammenziehen und auf dem Kopf fixieren. Sorgfältig festnähen, dann das Gesicht aufsticken oder mit Filzstiften aufmalen.

Für das Hemd mit den gleichen Nadeln und weißem Garn 48 M. anschl., 4 R. im einfachen Rippenmuster und 32 R. glatt re. str. Die nächsten beiden R. im Pikot-Muster (siehe Seite 7) arbeiten.
Nächste Reihe: *1 Umschl., 2 M. li. zusstr. Ab * fortlaufend wiederholen.
Nächste Reihe: re. str.
Die letzten beiden Reihen noch einmal wiederholen, dann mit Nadeln Stärke 6 rechts abketten.

Die Rückennaht re. auf re. schließen, das Hemd wenden und für den Hals eine Kordel drehen. Das Hemd über den Pappunterbau ziehen, die Kordel durch die unterste Lochreihe fädeln und zusammenziehen. Den restlichen Kragen nach außen fallen lassen.

Abb. 36

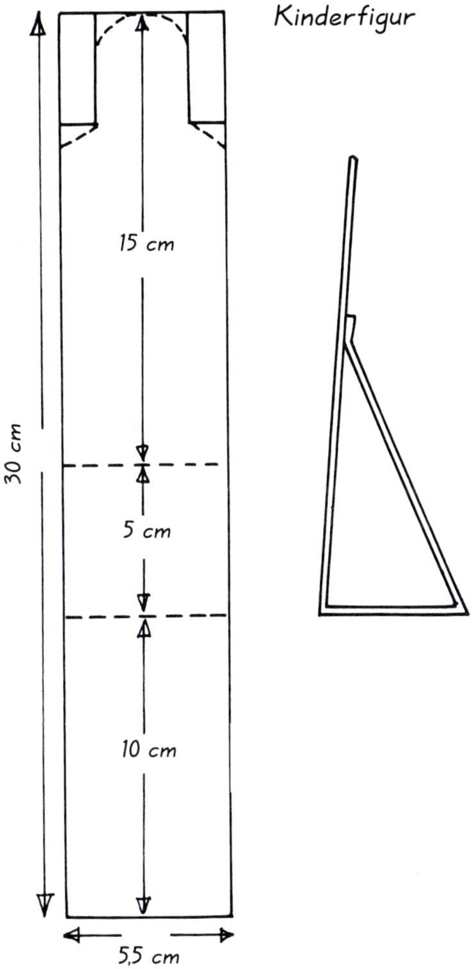

Siehe Anleitung für die stehende Figur auf Seite 22

Abb. 37

Der Mantel wird mit orangefarbenem Garn in einem einfachen Bogenmuster gestrickt, das aus nur 6 R. besteht. 60 M. mit Nadeln Stärke 3,5 anschl. und im Muster arbeiten:
Reihe 1 (re. S.): 4 M. re., *1 M. abh., 1 M. re., die abgeh. M. überz., 9 M. re., 2 M. re. zusstr. Ab * wiederholen. Die letzten 4 M. re. str.
Reihe 2: 4 M. re., die restl. Reihe li. str., mit 4 M. re. enden.
Reihe 3: 4 M. re., *1 M. abh., 1 M. re., die abgeh. M. überz., 7 M. re., 2 M. re. zusstr. Ab * wiederholen. Mit 4 M. re. enden.
Reihe 4: wie Reihe 2.
Reihe 5: 4 M. re., *1 M. abh., 1 M. re., die abgeh. M. überz., (1 M. re., 1 Umschl.) 5mal, 2 M. re. zusstr. Ab * wiederholen. Mit 4 M. re. enden.
Reihe 6: re. str.
Diese 6 Reihen, die den Musterrapport bilden, noch 5mal wiederholen, 1 R. re. anschließen und abketten (= Unterkante des Mantels). Fäden vernähen.

Für Ärmel und Hände mit dem gleichen Garn 4 M. anschl. und 2 R. glatt re. str. Dann an Anfang und Ende der folgenden Rechtsreihen je 1 M. zunehmen, bis 16 M. erreicht sind. Die nächsten beiden R. li. str.
Mit weißem Garn 2 R. li., dann 2 R. re. mit hautfarbenem Garn anschließen.
Nächste Reihe: (2 M. re. zusstr.) 8mal. Die restlichen 8 M. mit einem Faden zusammenziehen.

Die Naht rechts auf rechts schließen, dabei jeweils die passenden Fadenenden verwenden. Die oberen 2 cm der Ärmel offen lassen. Die Arme nicht wattieren.

Den Mantel flach auslegen, die Ärmel unterhalb des Halses und im ersten Musterbogen feststecken und -nähen. Mit doppeltem Faden und Heftstichen den Halsausschnitt einhalten, sodass vorn 2 cm offen bleiben. Eventuell mit einem oder zwei Stichen fixieren.

Den weißen Hemdkragen vorn am Gesicht festnähen, den Saum am Pappunterbau festkleben. Eine orangefarbene Kordel drehen, zur Schleife binden und auf dem Kopf befestigen (siehe Abb. 37).

KINDER

Ihr Kinderlein, kommet, o kommet doch all, zur Krippe her kommet, in Bethlehems Stall.

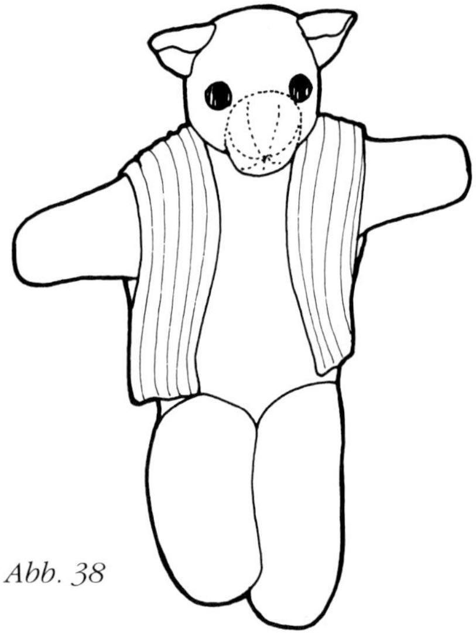

Abb. 38

Der Teddy

Für den Teddybären mit Nadeln Stärke 3 und beigefarbenem Garn 18 M. anschl. und 14 R. glatt re. str.
Nächste Reihe (Abnahmereihe): 2 M. re. zusstr., 4 M. re., 2 M. re. zusstr., 2 M. re., 2 M. re. zusstr., 4 M. re., 2 M. re. zusstr.
Dies ist die Linie für den Hals. Jetzt für den Kopf noch 7 R. str., dann abketten.

Das Stück doppelt legen und die Seitennaht schließen. Den Kopf leicht wattieren, am Hals mit einem Faden zusammenziehen. Dann den Körper wattieren und das untere Ende zunähen.

Für die Beine 10 M. anschl. und 10 R. glatt re. str. Abketten. Seiten- und eine Quernaht schließen, leicht wattieren und die andere Quernaht schließen. Das zweite Bein genauso arbeiten. Beide Beine leicht nach vorn abgewinkelt am Körper festnähen.

Für die Arme 8 M. anschl. und 9 R. glatt re. str. In der 10. R. 4mal 2 M. li. zusstr. und die letzten 4 M. mit einem Faden zusammenziehen. Den zweiten Arm ebenso stricken. Die Naht schließen, wattieren und am Körper festnähen.

Für die Ohren 4 M. anschl. und 2 R. glatt re. str. In der 3. Reihe 2mal 2 M. re. zusstr., die 1. M. über die 2. ziehen. Das Fadenende vernähen. Mit dem Anfangsfaden das Ohr am Kopf festnähen. Das zweite Ohr ebenso str.

Für die Nase 8 M. anschl. und 2 R. glatt re. str. In der 3. R. 4mal 2 M. re. zusstr., die restlichen 4 M. mit einem Faden zusammenziehen. Seitennaht schließen, leicht wattieren und mit der Anschlagkante knapp über dem Kinn des Bären annähen (siehe Abb. 38).

Die Augen aufsticken und eine Weste oder einen langen Schal stricken. Für die Weste mit Nadeln Stärke 3,5 und leuchtend buntem Garn 10 M. anschl., 4 R. kraus re. str., 5 M. abketten, die Reihe re. beenden.
5 R. über die verbleibenden 5 M. str., dann 5 M. anschl. 18 R. str., dann wieder 5 M. abketten. 5 R. str., 5 M. zunehmen, 4 R. stricken und abketten.

Die Schulternähte schließen und die Fäden vernähen. Dem Teddy die Weste überziehen, dann eine Hand an der Hand des Mädchens befestigen.

Abb. 39

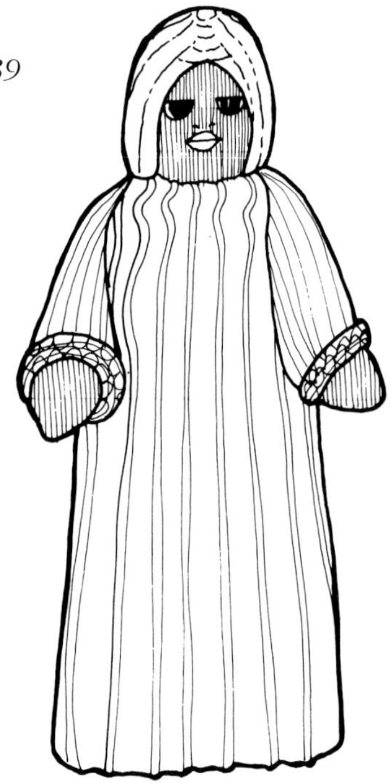

Der Negerjunge

Das Gesicht des kleinen Jungen wie bei den anderen Figuren, jedoch aus dunkelbraunem Shetlandgarn arbeiten. Den Pappunterbau zuschneiden (siehe Seite 59, Abb. 36).

Für die Haare mit Nadeln Stärke 3,5 und schwarzem Flauschgarn 17 M. anschl. und 14 R. kraus re. str.
Nächste Reihe: (2 M. re. zusstr.) 8mal, 1 M. re.
3 R. stricken, in der nächsten Reihe 4mal 2 M. re. zusstr. Abketten.

Rings um das Gesicht einen Faden durch die Haare ziehen und leicht aufkräuseln. Die Haare feststecken und -nähen, dann das Gesicht mit rosa und weißem Garn aufsticken. Die dunklen Punkte in den Augen mit schwarzem Filzstift malen.

Für das Hemd brauchen Sie eine Hauptfarbe (hier Türkis) und kleine Reste in verschiedenen Farben für die Streifen. Mit Nadeln Stärke 4 in der Hauptfarbe 24 M. anschl. und 2 R. glatt re. str. Den Faden hängen lassen, mit einer Kontrastfarbe 2 R. re. str. Diese 4 Reihen insgesamt 17mal wiederholen, dabei die Kontrastfarben nach Belieben wechseln. Das fertige Stück soll 19 x 11 cm groß sein. Abketten und alle Fäden vernähen. Anschlag- und Abkettkante zusammennähen, ein Ende für den Hals aufkräuseln. Über den Pappunterbau ziehen und die Oberkante an Gesicht und Haaren festnähen.

Für Ärmel und Hände mit türkisfarbenem Garn 4 M. anschl. und 2 R. glatt re. str. Dann an Anfang und Ende der folgenden Rechtsreihen je 1 M. zunehmen, bis 16 M. erreicht sind.
Nächste Reihe: re. str.
Den Faden abschneiden und mit dunkelbraunem Garn weiterarbeiten. Mit Nadeln Stärke 3 2 R. glatt re. str.
Nächste Reihe: (2 M. re. zusstr.) 8mal.
Nächste Reihe: li. str.
Nächste Reihe: (2 M. re. zusstr.) 4 mal.

Die restlichen 4 M. mit einem Faden zusammenziehen, die Naht von links mit den passenden Farben schließen, dabei die obersten 2 cm offen lassen. Den zweiten Ärmel ebenso stricken, dann beide am Hemd festnähen.

Jan Messent ist ausgebildete Lehrerin. Heute befasst sie sich hauptsächlich mit dem Entwerfen von Stick- und Strickmustern. Sie hat viele Bücher geschrieben, darunter *Jan Messent's World of Embroidery* sowie eine Reihe von Titeln zu verschiedenen kreativen Techniken. Zur Zeit arbeitet sie an einem Werk über die Frauen auf dem Teppich von Bayeux.

Die Deutsche Bibliothek – CIP-Einheitsaufnahme
Ein Titeldatensatz für diese Publikation
ist bei Der Deutschen Bibliothek erhältlich.

Die englische Originalausgabe erschien bei Search Press Ltd., Wellwood, North Farm Road, Tunbridge Wells, Kent TN2 3DR.

© 1987, 1989, 1993, 1998 by Search Press Ltd. and Burns & Oates

Das Werk einschließlich aller seiner Teile ist urheberrechtlich geschützt. Jede Verwertung außerhalb des Urhebergesetzes ist ohne Zustimmung des Verlages unzulässig und strafbar. Das gilt insbesondere für Vervielfältigungen, Übersetzungen, Mikroverfilmungen und die Einspeicherung und Verarbeitung in elektronischen Systemen.

Es ist deshalb nicht gestattet, Abbildungen dieses Buches zu scannen, in PCs oder auf CDs zu speichern oder in PCs/Computern zu verändern oder einzeln oder zusammen mit anderen Bildvorlagen zu manipulieren, es sei denn mit schriftlicher Genehmigung des Verlages.

Die im Buch veröffentlichten Ratschläge wurden von Verfasserin und Verlag sorgfältig erarbeitet und geprüft. Eine Garantie kann dennoch nicht übernommen werden. Ebenso ist eine Haftung der Verfasserin bzw. des Verlages und seiner Beauftragten für Personen-, Sach- und Vermögensschäden ausgeschlossen.

Jede gewerbliche Nutzung der Arbeiten und Entwürfe ist nur mit Genehmigung von Verfasserin und Verlag gestattet.

Bei der Anwendung im Unterricht und in Kursen ist auf dieses Buch hinzuweisen.

Übersetzung: Wiebke Krabbe, Damlos
Lektorat der deutschen Ausgabe: Margit Bogner
Zeichnungen: Jan Messent
Fotos: Search Press Studios
Herstellung und Umschlaggrafik: Charmaine Müller

Augustus Verlag München 2000
© Weltbild Ratgeber Verlage GmbH & Co. KG.

Satz: satz-studio GmbH, Bäumenheim
Druck und Bindung: Appl, Wemding

Gedruckt auf 115 g umweltfreundlich chlorfrei gebleichtes Papier.

ISBN 3-8043-0868-6

Printed in Germany